佛教小百科

◎密宗◎

【丁明夷◎著】

上海科学普及出版社

图书在版编目（CIP）数据

佛教小百科．密宗／丁明夷著．—上海：上海科学普及出版社，2011.1
　ISBN 978-7-5427-4717-4

Ⅰ．①佛… Ⅱ．①丁… Ⅲ．①密宗－通俗读物
Ⅳ．① B94-49

中国版本图书馆 CIP 数据核字 (2010) 第 229748 号

出　　版	上海科学普及出版社
	（上海市中山北路 832 号　200070）http://www.pspsh.com
制　　作	日知图书（www.rzbook.com）
印　　刷	北京联兴盛业印刷股份有限公司
发　　行	上海科学普及出版社
开　　本	16 开（787×1092）
印　　张	12 印张
字　　数	150 千字
标准书号	ISBN 978-7-5427-4717-4
版　　次	2011 年 1 月第 1 版　2011 年 1 月第 1 次印刷
定　　价	49.00 元

◎如发现印装质量问题，影响阅读，请与印刷厂联系调换。

前言

密宗的起源，经中外学者的考证，基本认为约在佛陀入灭后的千年左右，亦即大乘佛教的晚期，也可以说是印度佛教的衰败时期。密宗的兴起具有明显的印度民族特性，早期佛教反对印度宗教传统信仰，对于婆罗门教的多神崇拜、吠陀思想中的真言、密语乃至宗教仪轨，一概持排斥、批判和反对的态度。可是大乘佛教兴起之后，这一立场逐步动摇，转而开始引进世俗的咒法观念，并逐渐将真言、密咒佛教化。印度佛教把印度传统婆罗门教众属于禳灾、祈福和多神信仰的世俗宗教观念也全部吸收到佛教中来，并结合佛教高层次的教义和理论，如中观、瑜伽、禅定等，从而形成了密宗。

从宗教社会学的观点看，密宗的出现可以说是印度民族宗教信仰的充分表现。佛教早期的形态，虽然相当理性化、哲学化、伦理化，高度表现了人类的卓越智慧，但到了晚期还是跳不出本民族的信仰观念。甚至也可以说，这种变化也许是当时大多数人的常见的基本心理。婆罗门教的密法，借助佛教的理论，构成印度传统佛教的新发展，同时体现了人类理性与神秘两种心理要求的结合。婆罗门教、印度教渗入佛教，使印度佛教失去了本来面目，自然也就失去了其独特立场，直至逐渐失去存在的必要性。

密宗虽然在印度消失，却在中国的西藏地区传播开来，且由中国传入日本、朝鲜半岛，成为一派相当强盛的宗教势力。它的起源和发展传播，值得我们作深入的探讨和研究。特别是密教在传入西藏以后，形成独树一帜的"藏密"，建立政教合一的一统天下，这在中国佛教其他宗派中，尚无此例。因此，对于密宗历史及其内容的了解，就更加重要。特别是探讨宗教史和宗教社会学的人，若不了解密宗的发展、传播，那么对于公元7～12世纪的印度，一千余年来的中国汉地和藏地，以及影响日本文化的宗教势力，都难于去作深度的认知。

国内专门论述介绍密宗的书籍不多，人们对密宗普遍感到神秘。本书的目的就是力图从起源、形成、发展、传播、义理、修习、仪轨等方面揭开密宗神秘的面纱，向人们介绍密宗各方面的基础知识，希望能对一般读者或宗教学研究者有所裨益。

目录

什么是"密宗"？……………………………… 8
密教如何在印度形成？……………………… 10
密教经历了哪几个发展阶段？……………… 14
印度密教崇尚密咒是怎么回事？…………… 16
"瑜伽"与密教有什么关系？……………… 18
"大日如来"为何被密教尊崇？…………… 19
如何看待印度密教的"法统"？…………… 20
印度密教有哪些主要经典？………………… 21
何谓"密教四部"？………………………… 22
"明王"、"明妃"是什么意思？…………… 24
"金刚"是什么意思？……………………… 25
"大乐"思想与性力派有何关系？………… 26
印度波罗王朝如何扶植密教？……………… 28
印度著名的密教寺院有哪些？……………… 29
印度密教灭亡的原因是什么？……………… 30
印度密教的传播情况怎样？………………… 31
密宗是何时传入中国西藏的？……………… 32
莲花生大师的生平事迹有哪些？…………… 34
藏密"前弘期"有哪些特点？……………… 36
朗达玛灭佛对密宗有什么影响？…………… 37
藏密"后弘期"有哪些特点？……………… 38
译师在传播密宗方面有何贡献？…………… 39
西藏苯教经历了哪些历史变化？…………… 42
阿底峡对藏传佛教的贡献如何？…………… 44
宗喀巴对密宗的发展有何贡献？…………… 46

目录	
宁玛派侧重的密法是什么？	48
宁玛派的大圆满法是什么意思？	49
噶当派侧重的密法是什么？	50
《菩提道灯论》的内容是什么？	52
萨迦派侧重的密法是什么？	55
八思巴的生平事迹如何？	58
萨迦派的"道果法"内容如何？	60
噶举派侧重的密法是什么？	62
"大手印法"的内容是什么？	64
什么是"宁玛九乘"、"三部"？	65
希解派的教法是什么？	66
觉域派及其密法是什么？	67
觉囊派及其密法是什么？	68
郭扎派由谁创立，该派情况如何？	72
夏鲁派由谁创立，该派情况如何？	73
格鲁派的显密教法是什么？	74
"缘起性空"是什么意思？	78
藏传佛教寺庙有哪些特点？	80
布达拉宫是一幢什么样的建筑？	82
桑耶寺是一座什么样的寺院？	86
拉萨三大寺是哪三座？	88
甘肃、青海、内蒙古等地的藏传佛教寺院有什么特点？	90
西藏佛寺壁画有哪些主要流派？	92
什么是"六字真言"？	94
藏传佛教的主要典籍是哪些？	96

藏传佛教密宗的义理是什么？	97
藏密义理"三密为用"和"四曼为相"是什么意思？	98
藏密义理"五佛五智"和"六大为体"是什么意思？	100
藏密义理"因、根、究竟"如何解释？	102
"乐空双运"是什么意思？	104
藏密为什么有愤怒、恐怖的神？	106
什么是欢喜佛？	108
藏传佛教的神主要有哪些，其特点如何？	110
藏密的修习组织、制度和次第是怎样的？	114
藏传佛教有哪些专门修习机构？	118
何谓藏密的灌顶？	120
藏密的传播情况是怎样的？	122
藏传佛教的封号主要有哪些？	124
达赖喇嘛、班禅的名称最早何时出现？	126
中国汉地早期密部典籍的译传有哪些？	130
何谓"开皇三大士"？	132
"开元三大士"与汉地密宗正式形成有什么关系？	134
什么是"金胎两界"密法？	136
中国密宗祖庭在哪里？	138
中国密宗主要供奉哪些造像？	140
什么是曼荼罗？	142
什么是五方佛？	144
什么是八大明王？	145
什么是八大菩萨？	146
什么是三十三观世音菩萨？	147

什么是千手千眼观世音菩萨？ …………………… 148
什么是地藏菩萨与十殿阎王？ …………………… 150
什么是十二圆觉菩萨？ …………………………… 152
什么是陀罗尼经幢和经变？ ……………………… 154
什么是药师经变？ ………………………………… 156
什么是孔雀明王？ ………………………………… 157
什么是密理瓦巴像和大黑天？ …………………… 158
四天王中为什么最盛行毗沙门天王像？ ………… 160
国内现存哪些初唐密宗造像？ …………………… 162
敦煌现存主要密宗题材是什么？ ………………… 164
密宗造像为何盛行于四川，四川石窟中的密宗传承是
什么？ ……………………………………………… 166
柳本尊、赵智凤的事迹有哪些？ ………………… 170
大足密宗石刻有哪些特点？ ……………………… 172
杭州飞来峰和北京居庸关元代造像为什么重要？ … 174
西安青龙寺惠果在中国佛教史上有什么贡献？ …… 176
什么是日本东密和台密？ ………………………… 178
空海在日本佛教史上地位如何？ ………………… 179
法门寺出土文物与晚唐密宗有什么关系？ ……… 180
雍和宫是一座什么样的寺庙？ …………………… 182
外八庙包括哪些寺庙？ …………………………… 184
剑川石窟与密宗有什么关系？ …………………… 185
凉山岩画与密宗有什么关系？ …………………… 186
水陆画与密宗有什么关系？ ……………………… 187
藏传佛教的法器有哪些种类？ …………………… 188

什么是"密宗"？

所谓密宗，也称密教（Esoteric Buddhism），国际上一般通称怛特罗（Tantra）佛教，也有称为真言乘（Mantra-yana）、持明乘（Vidya-dhara-yana）、密乘（Esoteric-yana）、果乘（Phala-yana）、金刚乘（Vajra-yana）者。它是印度大乘佛教发展的后期阶段，也是最高阶段。

密宗自称受法身佛大日如来深奥秘密教旨传授，为"真实"言教，故名。传说大日如来授法金刚萨埵，释迦逝世八百年时，龙树开南天铁塔，亲从金刚萨埵受法，后传龙智，龙智传金刚智和善无畏。但学术界认为密宗是公元7世纪以后印度大乘佛教一部分派别与婆罗门教相结合的产物。它盛行于今德干高原等地，以高度组织化的咒术、仪礼、民俗信仰为其特征。主要经典是《大日经》、《金刚顶经》、《苏悉地经》。

佛教有显宗、密宗之分。显宗是释迦牟尼（应身佛）所说的种种经典；密宗是毗卢遮那（大日）佛（法身佛）直接所传的秘奥大法。显宗

❀ 西藏阿里神山主峰冈仁波齐

藏传佛教密宗认为，冈仁波齐神山外圈就是一天生的曼荼罗，转山一圈即完成一次坛城仪式。青藏高原神秘、严酷的自然环境，塑造了密宗独一无二的宗教气质。

主张公开宣道弘法，教人修身近佛；密宗重视承传、真言、密咒，以求即身成佛。显宗要人悟道；密宗要人修持。显宗典籍，主要是经、律、戒、论；密宗除此以外，更有颂、赞、法、咒、仪轨、瑜伽、契印等。显宗有行、住、坐、卧四种威仪；密宗除此以外，尚需"观想"。学显宗，"若能真正般若观照，一刹那间，妄念俱灭，若识自性，一语即至佛地"。（《坛经》）学密宗，必须随师传授，遵守严格仪轨，从初皈灌顶到金刚上师，都有一定的修习程序，不可越等强求。由此可见显、密二宗的不同。

❈ **西藏拉萨哲蚌寺的喇嘛在法事中吹佛号**

哲蚌寺是格鲁派的拉萨三大寺之一，地位重要。数百年来，宗教已经渗透到藏民生活的各个方面，成为西藏社会的控制性力量。

❈ **清代圆形曼荼罗**

藏密在长期的发展过程中孕育出了独具特色的藏传佛教艺术。

密宗

密教如何在印度形成？

佛教起源于古代印度。它在印度的发展经历了原始佛教时期、部派佛教时期、大乘佛教时期和密教时期。所谓密教时期乃指密教占统治或主导地位的时期。

印度密教从萌芽到占主导地位的整个过程，可分为三个阶段：1.初期阶段，即所谓古密教或"杂部密教"时期；2.中期阶段，即所谓纯粹瑜伽密教或"正纯密教"时期；3.晚期密教，即密教分化产生所谓金刚乘、时轮教时期。

密宗是佛教和婆罗门教、印度教相结合的一种宗教形态。它以高度组织化了的咒术、仪轨、俗信为其特征，是逐渐形成的。所谓古密教或"杂部密教"大体上相当原始佛教晚期和部派佛教时期。在此时期，佛教中出现了密宗的萌芽形态。咒术原本是一种古老的、流行于印度民间的原始信仰，释迦牟尼在创立佛教时对这些咒术、密法是采取抵制和排斥态度的。从佛教早期经典《中阿含经》、《长阿含经》和《四分律》中可以看出，最初佛教严格禁止神秘咒语和各种巫术密法，且规定对违禁者给以惩罚。但后来佛教教团逐渐扩大，不少信奉咒术密法的婆罗门教徒加入佛教，对佛教产生影响，使某些咒术，如所谓"治毒咒"（以咒术治蛇咬伤）、"治齿疼咒"、"保护身体得以安慰的善咒"（防护咒）等已个别地被佛教采用，这在部派佛教时期的《杂阿含经》中已有所反映。但当时对那些所谓妨碍佛教徒修行的"恶咒密法"（如"降伏诸天"、"策使鬼神"、"诅咒仇敌"等密咒）仍在佛教禁止之例。但咒术

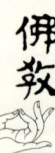

❀ **古代印度释迦牟尼立像**
该像制作于笈多王朝时期，希腊雕塑风格明显，却又自成体系，体现了独特的犍陀罗艺术风格。

毕竟打开了佛教的大门。接着,佛教经典把民间普遍持诵的吠陀赞歌吸取在内,作为佛教的"神咒"。后来,又模仿《赞歌》制成佛教明咒成《明咒藏》,这是在经、律、论之外集所谓"真言密咒"而编成的。继《明咒藏》之后,佛教中又出现了《防护藏》。这首先发生在印度南方佛教中。他们把民间信仰的"诸天鬼神"吸收进来,作为佛教的"保护神",用所谓"防护咒"作为交通鬼神禳灾祈福的密法。《防护藏》就是由30余种短经,即"防护咒"组成的。这时的佛教染上了浓厚的密法色彩,但这时的密法只是某些佛教徒修行的借助方法,仅起着所谓"保护佛教修持者消除种种障难"的作用,它还没有形成自己相对独立的教义,完全是以附属的东西存在于佛教之中。

公元6～7世纪以后,大乘佛教已开始密教化了,也就是说密教已走上独立发展的道路,并作为独立的思想体系而存在。这是由于公

❀ 印度寺庙石雕建筑的典范埃洛拉石窟

○ 密教如何在印度形成？

古代印度金箔浮雕

描绘的内容是释迦牟尼转世时的场面。

元4～5世纪印度笈多王朝时期出现了一种新的宗教哲学体系——印度教。印度教是在植根于印度社会的婆罗门教的基础上吸收某些佛教教义而形成的。它具有教义简明并和传统宗教观念相结合的特点，因此容易被人接受而有广泛的群众基础。那时的大乘佛教教义烦琐深奥，人们难于接触和理解，因而逐渐失去群众的信仰。这种形势迫使大乘佛教广开门路，更多地吸收一些以前它认为是"外道"的东西。再者，早期佛教没有严密的组织，许多僧侣往往成群结队地来往于城乡之间，一面宣扬佛教，一面靠乞求布施谋生，还有的僧侣以"苦修"为本，远离"尘世"。但随着印度封建经济的发展，佛教寺院通过各种手段逐步建立了雄厚的经济基础，在这种情况下，上层僧侣逐渐增长了追求物质财富和享乐的欲望。大乘佛教创造的"菩萨"（bodhisattva，求大觉之人）观念，正是这种情况在教义上的反映。"菩萨"意译"觉有情"、"道众生"，是人的幻想中

的"佛",按佛教说法,它是已达涅槃的众生,但由于不舍仍处于苦难的众生,就不住涅槃而住世间,以帮助众生获得"解脱"。随之,大乘佛教在教义上也作了某些修正,而强调"慈悲众生"。这样就创造了简明易懂容易为人接受的新鲜教义。这就使"菩萨"与人互相更接近起来,人们借助于单纯信仰、向菩萨念经祈祷的作用即可获福。僧侣从烦琐教义的宣传者变成人和菩萨间的媒介人,具有了术士与神巫的性质。再者,"菩萨"与人接近具有了"染"的性质。这些都是使大乘佛教走向密教化的重要因素。所谓"正纯密教"的形成就是大乘佛教密教化的标志。据密宗学者附会,"正纯密教"则是以法身佛大日如来(maha—vairocana)的说教为中心的。这时,真言密法已经成为大乘佛教独特的东西和"真髓"。7世纪初,印度社会已明显地看到密宗兴盛的情景,许多密典、密法已经出现。

"正纯密教"继续发展又分化而出现金刚乘和时轮教,即所谓晚期密教"左道密教"。当时西印度的罗荼国是密教发展的中心地带。该地是古印度的商业交通要道,当地居住着各种人种、种族、民族,也是各种宗教集中的地带,有拜火教、耆那教、婆罗门教、佛教等。这些对密宗的进一步发展有着促进作用。公元8世纪初期,密宗又传到香至国以南印度为中心,达到高度发展时期。这时密宗已具有大乘佛教的全部教义,并吸收民间信仰诸神的特点而形成曼荼罗(mandala)组织。公元8世纪后半期,密宗又传播到东印度,这时它已分化而形成金刚乘。金刚乘,借用了印度教性力崇拜的形式作为"成佛"的手段,实行男女双身修法。其后,密宗把世俗化、大众化的金刚乘加以体系化形成所谓的时轮教。至此,密宗形成了它的全部形态。

❁ 湿婆与妻子像

湿婆是印度教三大主神之一,其他两位是梵天和毗湿奴。崇拜湿婆妻子的印度教性力派对印度密教影响很大。

密教经历了哪几个发展阶段？

密教自从形成后，经历了「杂部密教」、「正纯密教」和「左道密教」三个阶段。

「杂部密教」又称「初期杂密」，是密教发展的第一个阶段；「正纯密教」又称「中期正纯密教」，是密教发展的第二个阶段；「左道密教」则是密宗发展的最后阶段。

"杂部密教"修无相瑜伽，即妄以明空性之理，常我的色彩尚不浓厚。常聚佛、菩萨、神、鬼于一堂，尚未有胎藏界等的严密组织。虽然也结坛场、重设供、诵咒、结印契，重于事相，但尚未及作观想。

"正纯密教"以《大日经》为主，以该经住心品中的"菩提心为因，大悲为根本，方便为究竟"三句为根本。又讲十缘生，颇类似于般若经的性空之说，但在"菩提心"的心中，已带有常我的色彩。以大悲为根本，以随机的方便而度众生，表现了大乘佛教的特色。以方便为究竟而融摄世俗，故以作在家相（天人相）的大日如来为其中心，以金刚手等为其护翼，出家相的释迦牟尼及二乘圣者，被置于外围，此由胎藏界及金刚界的曼荼罗（mandala 密坛、修密的道场），即可看出。这在理论上说，是因为大日如来为法身佛，是化身释迦佛的本尊，本尊应居中心；在实际上，是圆融

❀ 图为印度阿加特洞窟中的一幅笈多王朝时期佛教壁画

描绘的是一批衣衫褴褛行乞的佛教徒。在笈多王朝时期，佛教徒以这种方式来修炼自身。这与当时追求享乐的社会风气形成了强烈的对比。

倚靠栏杆的印度教药叉女雕像

药叉女身材丰腴，体现了古印度人对生活和美的独特感悟。

了外教的群神，且以外教的群神，均为本尊方便摄化的显现，所以印度一切的善神恶神，都为密教所摄。由降伏的意念转为崇拜的意念，乃系出自事事无碍的即事而真，所以本尊应该是在家菩萨相。这可说是大乘密教从心理上作了左道化的准备。

"左道密教"是最高的密法，此法修成，便是即身成就的"佛"，因此，密宗行者视无上瑜伽为最难修持的密法，没有数十年的苦修功夫，阿阇梨（金刚上师）也是不教的。事实上的无上瑜伽，即金刚乘法，即是"左道密教"，即是世俗化的大方便的实际行为。

金刚乘的创始人为武德雅拉（即因陀罗部底），他是俄里萨国国王。到中国西藏传播密宗的莲花生是他的儿子。他著有《二十三部程》，后被译成藏文保存于藏文大藏经中。金刚乘教义集于梵文本《成就法集》、《古鲁古那成就法》和《智慧成就》等书中。金刚乘教义主要讲：修行者仅依五禅那佛（即大日、阿

魅、宝生、无量寿、不空成就）的五种智慧，即可达到"解脱之境"。如果没有五佛智慧，光持诵真言，造立曼荼罗也不能达到解脱。假如有了这五智（大圆满智、平等性智、妙观察智、成就所智、法界体性智），虽食肉、事女色也能达到"菩提"。而这五种智慧必须由金刚上师直接指导才能获得。以"五智"去悟自身及其他一切悉为"空性"而达"即身成佛"的"解脱之境"是金刚乘教义的要旨。金刚乘吸取印度教的一些仪式和群神，还创造出一些类似的神灵；咒语的威力无限膨胀；色情的因素很浓厚；创造了大量的女神同具体的"佛、菩萨"联系在一起（如白伞盖同湿婆联系在一起），世界的两极对立在"乐空不二"的男女双身修法里得到解释，密宗修行者依照这种解释，利用奉献的女性（称作手印Shakti、佛母、智慧或空行母）去修法。

金刚乘密教经俄理萨而传播到本贾鲁（今孟加拉）地方。公元8世纪中叶，波罗王朝在此地兴起，金刚乘得到王朝的庇护和大力支持，更为兴旺发达。

印度密教崇尚密咒是怎么回事？

印度密教崇尚密咒的历史可谓源远流长。部派佛教的《四分律》卷二十七、《十诵律》卷四十六等经典中，即有佛陀听许持善咒治疗宿食不消、毒蛇咬、齿疼、腹痛等病的记载。

释迦牟尼在时，反对神秘，否定神权，破斥方技之术，一切咒语术数之学均被排斥，佛教自身没有咒术。如《长阿含经》卷十四·二一《梵动经》载："如余沙门婆罗门，食他信施，行遮道法，邪命自活。召唤鬼神，或复驱遣，种种祷，无数方道，恐热于人，能聚能散，能苦能乐……或为人咒病，或诵恶咒，或诵善咒……或咒水火，或为鬼咒，或诵刹利咒，或诵象咒，或支节咒，或安宅符咒，或火烧，鼠咬，能为解咒，或诵知生死书，或诵梦书，或相手面，或诵天文书，或诵一切音书，沙门瞿昙无如此事。"在《中阿含经》卷四十七《多界经》中也说："或有沙门梵志，或持一句咒、二句、三句、四句、多句、百千句咒，令脱我苦；是求乐、习苦、趣苦；苦尽者，终无是处。"

❀ **萨埵太子本生故事**

北魏时期敦煌壁画，内容是萨埵太子舍身喂虎。这类故事都以释迦牟尼佛的本生和本行故事为题。

佛陀在《长阿含经》卷十二《大会经》中，为了降伏诸天，结了数咒。佛在《杂阿含经》卷九·二五二经中也向舍利佛说了毒蛇护身咒。可见，密咒的使用早已出现在原始圣典中了。不过早期圣典中的密咒，是用作治病为主；降伏诸天，策使鬼神的密咒是比较晚出的。若照佛陀的本意而言，推定密咒之为晚出或增订，是比较恰当的。

以初期大乘经典来说，也尚未见有明咒，例如般若心经的"即说咒曰"实是后增。《法华经》原来无咒，后来在嘱累品后附加数品，即有了陀罗尼品。《仁王经》、《理趣经》，原先无咒，到唐译本即有了咒。

密咒在外道是没有哲理的，但到了大乘密教的中期，咒语也被赋予高深的哲学观了。在《大日经疏》卷七说："真言之相，声字皆常。常故，不流、无变易。法尔如是，非造作所成。"以真言密咒为法尔常住的实相，所以进一步说，真言之相即是毕竟寂灭之相，为了随顺众生根机，而以世俗文字表示。按密宗说法，如能观诵纯熟，证悟了即俗而真之义，融合于诸法之实相，

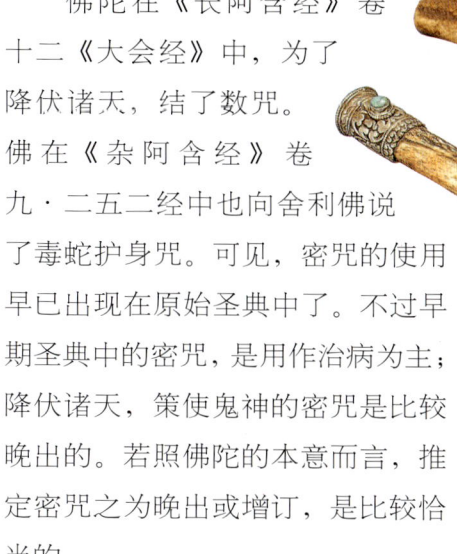

❀ **包银人胫骨法器**

密宗用这类法器教示无常之理。这类法器并不是通过残忍的方式得到，往往是其他修行人在生前发愿在死后把骨头作修行用途才可使用。

便可获得"即身成佛"的极果。

密咒就是真言，有如来说、菩萨说、二乘说、诸天说、地居天（鬼神）说五种来源。密教以真言之观诵为主要修持法门，故崇尚密咒，称为真言宗。但其持咒也很有要求，"若但口诵真言而不思惟其义，虽世间义利不可成，岂得成就金刚体性"（《大日经疏》卷七）。

总之，密咒发源于婆罗门教，佛陀最初禁绝，继而由于外道入佛教出家者渐多，佛教吸收了密咒。至部派佛教如法藏部，推崇目犍连，盛说鬼神，咒法渐行。到了大乘密教，更进而使密咒哲理化，完成了高深的理论基础。因而，印度密教崇尚密咒乃成为其一大特征。

「瑜伽」与密教有什么关系？

瑜伽（yoga）在梵语中，是由马和车辄结合之义的语根「yuj」而来的，译意为「相应」。

密教又称瑜伽教。瑜伽最早用于《梨俱吠陀》中，后来沿用到《奥义书》时代，它的含义是，依于调息等的观行法，观梵我一致之理，以合梵而与梵相结合。到了佛教中，就采用此法，依于奢摩他（止）和毗钵舍那（观）之观行，成了与正理合一相应的情态，便称为瑜伽。瑜伽是以止观为其主题的。佛教采用瑜伽，始自释迦牟尼，但是释迦不以瑜伽为达到解脱的最高方法，须要配合戒和慧，定（止观）才受到释迦鼓励。

释迦特重于八正道，八正道的首要是正见，八正道的范围是戒、定、慧三学。所以释迦不是修定主义的瑜伽行者。瑜伽行虽受佛的利用，但佛却不以此为彻底的方法。但到了中期密教的瑜伽法，却受到瑜伽外道波昙耆梨（Patanjali，五世纪数论派人）所著《瑜伽经》的影响，以为瑜伽即可达成世出世间的一切目的，凭内证修验，即可"成佛"。

❀ 苦修的印度教僧人在进食前行礼

佛教提出不杀生的教义后，婆罗门教以及后来的印度教借鉴了佛教的做法，以宗教法规的形式禁教众食牛肉。

"大日如来"为何被密教尊崇?

密教的最高本尊梵名称之谓摩诃毗卢遮那。"摩诃"是"大"的意思,"毗卢遮那"为"日"的别名,故译为"大日"。又佛教寺庙显宗神殿均以释迦牟尼为中心加以崇拜,而密宗殿则以大日如来为中心加以崇拜。

上说见《大日经疏》。书中说:"梵音毗遮那者是日之别名。即除暗遍明之义也。然世间日则别方分。若照其外不能及内。明在一边不至一边。又唯在昼光不烛夜。如来智慧日光则不如是。遍一切处作大照明矣。无有内外方所昼夜之别。(中略)世间之日不可为喻。但取是少分相似。故加以大名曰摩诃毗卢遮那也。"《金刚顶经》义诀曰:"梵音毗卢遮那。此翻最高显广眼藏如来。毗者最高显也。卢遮那者广眼也。先有翻为遍照如来。又有翻为大日如来。此盖略而名义阙也。"金胎两部之大日各异。

根据密教的传说,密教是由大日如来传金刚萨埵。金刚萨埵是大日如来的内眷属,是诸执金刚的上首,居于金刚法界宫,亲蒙大日如来的教敕而结诵传持密乘,成为传授密法的第二祖。释迦灭后八百年,有龙树出世,开南天铁塔而亲向金刚萨埵面受密乘,为第三祖。龙树传其弟子龙智,为第四祖。再过数百年,龙智七百岁,传付第五祖金刚智。密教认为教法来自大日如来,为密乘第一祖,因此崇拜大日如来。

❀ 大日如来佛像

大日如来,是佛教密宗至高无上的本尊,是密宗最高阶层的佛,为佛教密宗所尊奉的最高神明。

如何看待印度密教的"法统"？

印度密教法统实际上是密教学者附会之词。大日如来、金刚萨埵都是古人创造出来的密宗神……没有制定佛陀修行的方针……包括所领受佛陀的教导……是密教修行的必要……

密教学者附会龙树入龙宫得深奥经典，托古以自重。龙宫何在？古代北印度有土邦被称为龙族。龙树于雪山及龙宫得大乘经，而到南印度宏通，此为密教由北印的瑜伽师为根源而融会东南印度达罗维荼族的信仰（印度教成分之一）。密教的夜叉（Yakkha），原即为达罗维荼族的民族群神，由夜叉的勇健之姿而演为密教的忿怒尊，由夜叉尼而有密教的空行母（佛母）或明妃，乃为一例。

西藏多罗那他（觉囊派）的《印度佛教史》也说，密教通途均以龙树为源头。关于龙树，据吕的《西藏佛学原论》中说："综合各事观之，彼传密乘之龙树者，其师罗睺罗似出提婆之后，其弟龙智，又在胜天月称之前，或即提婆月称之间，有此一家，而与创宏大乘之龙树别为一人也。"（参见圣严：《印度佛教史》）

❀ 铜鎏金尊胜佛母像

尊胜佛母是佛陀头顶的化现，归属于佛部中。尊胜佛母最具影响力的方面有两个：一个是它的陀罗尼（咒）广泛流传，被认为具有防灾的功能，另外，她也被看做是寿神，与无量寿佛和白度母共同组成"三长寿"的著名组合广为人知。

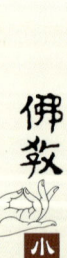

印度密教有哪些主要经典？

印度密教经典浩繁，但梵本传世的不多。《大日经》《大毗卢遮那成佛神变加持经》）和《金刚顶经》，是密教的主要经典。

《大日经》的主要思想是"即事而真"，原则上是来自《华严经》的"事事无碍"，又参考梵我一致的印度教思想而进一步地唱出"即身成佛"之教。《大日经》是密教理论的建设者。《金刚顶经》则将《大日经》的理论付诸实际生活。一切都成为"即事而真"，"事事无碍"的结果，淫、怒、痴的现象，以为即是究竟的涅道。这在密教的理论上可以通，在究竟的佛位上也正确，但在现实的凡人境界，却未必真的能够"即事而真"。因之由《金刚顶经》导生的金刚乘左道之滥，原因即在于此。

《大日经》共七卷，前六卷为正经文，第七卷为其供养法。秘密部王经之一，而胎藏界真言之本经也，所说之法对于《金刚顶经》之所说，而谓之胎藏界，亦称大日宗、瑜伽宗。《金刚顶经》全称为《金刚顶一切如来真实摄大乘现证大教王经》，亦称《摄大乘现证经》、《大教王经》、《金刚顶瑜伽真实大教王经》，共三卷，详述密教独特的修行仪轨。

❀ **印度教石窟雕像**
在印度印度教石窟克久拉霍中，女性身体和性爱是最普遍的主题。

◎ 佛教小百科 ◎ 密宗

何谓"密教四部"？

"密教四部"是密教修法的四个阶段，也反映了密教发展的四个阶段。"密教四部"分别是事部、行部、瑜伽部、无上瑜伽部。

事部即杂密，亦称作密，主要修无相瑜伽，即妄以明空性之理，常（诸行无常）我（诸法无我）的色彩尚不浓。其仪式常聚佛、菩萨、神、鬼于一堂，尚未有胎藏界等的严密组织。虽结坛城、重设供、诵咒、结印契，重于事相，但尚未及作观想。

行部也称修密，此部以《大日经》为主要经典，以《大日经》住心品中的"菩提心为因，大悲为根本，方便为究竟"三句为根本。又讲十缘生（一幻、二阳炎、三梦、四影、五乾达婆城、六响、七水月、八浮浪、九虚空花、十旋火轮。以上十缘生皆为从缘生无自性之义，真言行人修瑜伽时，于所现之本尊海会生著相，魔即得便，是故以此十喻观无性生而不执著也），颇类似于般若经的性空之说，但在"菩提心"的心中，已带有常我的色彩。以大悲为本，以随机的方便而度众生，表现了大乘佛教的特色。

瑜伽部配合行部的"方便为究竟"而融摄

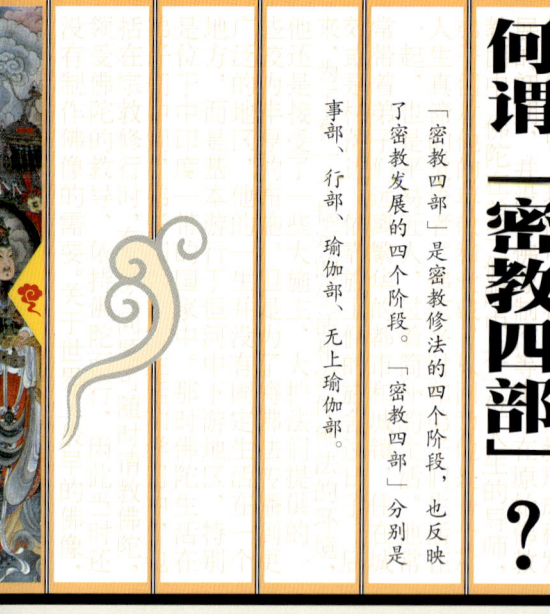

❀ 藏传佛教六道轮回唐卡

印度阿旃陀石窟

阿旃陀石窟位于印度马哈拉施特拉邦的瓦古尔纳河谷中，其壮丽的建筑、精美的雕刻和壁画与泰姬陵并称为印度双璧。

世俗，故以作在家相（天人相）的大日如来为其中心，以金刚手等为其护翼，出家相的释迦牟尼及二乘圣者，被置于外围，此于胎藏界及金刚界的曼荼罗即可以明白。

无上瑜伽部是密法的最高阶段，此法修成，便是即身成就的"佛"。所以西藏黄教视无上瑜伽为最难修持的密法，没有数十年的苦修是不成的。无上瑜伽部的最大特点是利用女性作"乐空双运"的男女双身修法，在男女媾交中去悟空性，是以欲制欲，以染而达净的修法，没有"根器"的僧人，阿阇梨是不传授的。无上瑜伽，也即是世俗化的大方便的实际行为。

"明王"、"明妃"是什么意思?

"明王"、"明妃"是密宗术语。明王称教令轮身,受大日觉王教令现忿怒身降伏诸恶魔之诸尊称为"明王",如不动明王、大威德明王。明妃系陀罗尼之别称,有能破烦恼之德,能增长一切之功德。

明者,光明之义,以智慧而名,有以智力摧破一切魔障之威德,故云"明王",是诸教令轮身忿怒尊之通称。但常说的明王,多指不动明王而言,总即别名也。《真伪杂记》十三说:"明者光明义,即象智慧。所谓忿怒身,以智慧摧破烦恼业障之主,故云明王。"瑜伽学习捷图上说:其忿怒者犹奴仆也。诸轨之中多称明王,虽是奴仆,奉行教敕即犹君王。故呼忿怒亦名明王。"圣无动经说:"假使三千界大力诸夜叉,明王降伏,尽令人解脱道。"又陀罗尼谓之明王,约于女声而云明妃,约于男声而云明王。

《大日经疏》九说:"明是大慧光明义,妃者梵云罗逝,即是王字作女声呼之。故传度者义说为妃。妃是三昧义,所谓大悲胎藏三昧也。"该书十二又说:"若心口出者名真盲,从一切身份任运生者名之为明也。由增长义故,女声呼之。……妃者如世女人能生男女令种胤不绝,此明能生一切如来所有功德故,义云妃也。"又曼荼罗各部配偶部主之女尊名明妃。诸部要目说:"三种明妃。佛部无能胜菩萨以为明妃。莲华部多罗菩萨以为明妃。金刚部金刚孙那利菩萨以为明妃。"又密宗修无上瑜伽男女双修之女性亦称"明妃",男性称"明王"。

元代莲花生及二明妃像

"金刚"是什么意思?

"金刚"系密教术语,梵音为(Vajra)跋折罗,译言金刚,即金中最精最坚之金刚石。

《三藏法数》五说:"金刚者,金中最刚。故云金刚。"

以金刚所造之杵,名为金刚,或曰金刚杵,是古代印度兵器,后演变为密宗法器。

《大日经》一说:"一切持金刚者,皆悉集会。"即金刚杵之略名也。《大日经疏》一说:"梵云伐折罗陀罗。"伐折罗即是金刚杵,陀罗是执持义。故曰译云执金刚。又为天神名,持金刚杵之力士,谓之金刚,执金刚之略名。《行宗记》二上说:"金刚者,即侍从力士,手持金刚杵,因以为名。"金刚又表示法力坚不可摧。金刚杵在密宗中又为男根的象征。

❀ 西藏拉萨布达拉宫壁画广目天王

◎ 佛教小百科 ◎ 密宗

「大乐」思想与性力派有何关系？

印度左道密教的「大乐」思想，来自《金刚顶经》（《金刚顶一切如来真实摄大乘现证大教王经》），该经说：「奇哉自性净，随染欲自然，离欲清净故，以染而调伏。」又说：「此是一切佛，能转善哉相，作诸喜金刚，妙喜令增长」。

　　金刚（Vajra）是天神的通名，均为侍卫本尊佛的眷属，而以金刚萨埵为其上首。在密教中说，金刚即是佛的显现，所以也就是本尊。在同经的卷中，叙述毗卢遮那，入各种供养三昧时说道："其有一切如来适悦供养三昧、宝鬘灌顶三昧、歌咏供养三昧、舞供养三昧等等，各个三昧，均有大天女从自心出。"并说："由贪染供养，能转诸供养。"这是欲界天人生活的秘密化。既有天女作诸供养，淫乐的行为已经跃然欲出了。

　　大乐思想的根源来自印度教的性力派，或者音译为铄乞底派，系印度教湿婆派的分支，它是由对于湿婆神威力的崇拜而引申出生殖力崇拜及女神崇拜。湿婆的威力中，有男女的生殖之力，生殖则由其妻担任，故而生起崇拜湿婆之妻的一派，这便是女神的性力崇拜。对于湿婆崇拜的一派称右道派，而对于女神的性力崇拜的一派则称为左道派。

　　此女神有善恶两方面的性格，她的威力使用于破坏之时，即是死之女神，称为迦利（Kali），她的形貌是散发、张口、执剑、杀人，以血润其喉，用骨环其颈。她的另一名字叫杜尔加（Durga），原系频陀耶山的处女神，从史诗时代之后，始成为湿婆之妻，她的形貌是全身金色、骑虎、十手执兵器、杀恶魔。此女神性格难捉摸，她约有一千个名字，例如，爱欲女神加弥息美利、清净女神维摩拉、大智女神摩诃般若、生育女神与大母神摩诃摩底、恋爱肉欲女神那逸迦、行法修验的女神瑜伽等。总之，宇宙的任何一部分，不论破坏与温和，均为此一女神的属性。万物均由女神的性力而生，故此引起以肉欲的放逸为崇拜女神的极致。

　　此派既以恣意的肉欲为侍奉女神及崇拜女神的方法，所以在他们集会崇拜之时，即以一裸体女子为崇拜的本尊而围绕，先饮酒（Madya）、食鱼（Matsya）、再食

肉（Mamsa）、期待性交（Maithuna），最后再以男女乱杂之欢乐（Mudra）为终结，合称五摩字真言。这种集会秘称为圣轮。最后的性交，乃是最秘密最重要最神圣的仪式。以此而被摄入密教的无上瑜伽，再配上"先以欲钩牵，后令人佛智"的观念，就用明妃、佛母来相应，以性交为修行了。又因女神崇拜性力派的经典，称为怛特罗（Tantra），其数甚多，是湿婆与其妻的对话，它形成于公元7世纪，故到密教的典籍也以怛特罗为名了。这就是印度密教"大乐"思想与印度教性力派的关系。

❀ 古代印度布利诃蒂湿婆神庙内殿回廊第7室的壁画《舞蹈的飞天》

　　飞天的舞姿十分优美，曲线的形体带给人们心灵的愉悦。

印度波罗王朝如何扶植密教？

波罗王朝是古印度的小邦，在公元660年略前，由瞿波罗王统一了藩伽罗国，又西取摩羯陀等地而成立王朝。此王朝在印度史上虽不大有名，但此王朝传承18世，历500年，崇奉佛法世世不懈。其中最具热忱者凡七王，称为"波罗七代"，七代之中以第四世达摩波罗王时国力最盛，曾把国土扩展到曲女城。此王对佛教的虔诚护持最有成绩。他先在那烂陀附近建立欧丹多富梨寺，又在其北建立毗鸠罗摩尸罗寺，此寺译名超戒寺，也有称为超岩寺的，它有108寺及8个研究院，规模之宏大超过那烂陀寺。因此，便取代了那烂陀寺的地位，成为当时佛教的最高学府，是最大的密教中心。

中国的义净三藏留印时，正当瞿波罗王在位，据义净说，他在那烂陀寺"曾屡次入坛"，可见当时该寺已风行密教。到了8世纪以后，达摩波罗所建的超戒寺中，人才辈出，均为密乘大师。波罗王朝所拥护的佛法，自始便是密教。

戒日王（606～674）以后，印度佛教逐渐趋于没落。但由于波罗王朝的保护，佛教仍在东印度一带偏安了500年，这500年中，大乘密教由兴盛而走向衰亡。

❀ 佛陀诞生地蓝毗尼

以佛陀母亲摩诃摩耶夫人命名的寺庙旁有一泓池水，传说当年摩耶夫人在此水池洗澡后受孕生下释迦牟尼。

印度著名的密教寺院有哪些？

印度著名密教寺院是在波罗王朝时期发展起来的。那烂陀寺本来是大乘显宗寺院，后来发展成为显密兼修的著名寺院。

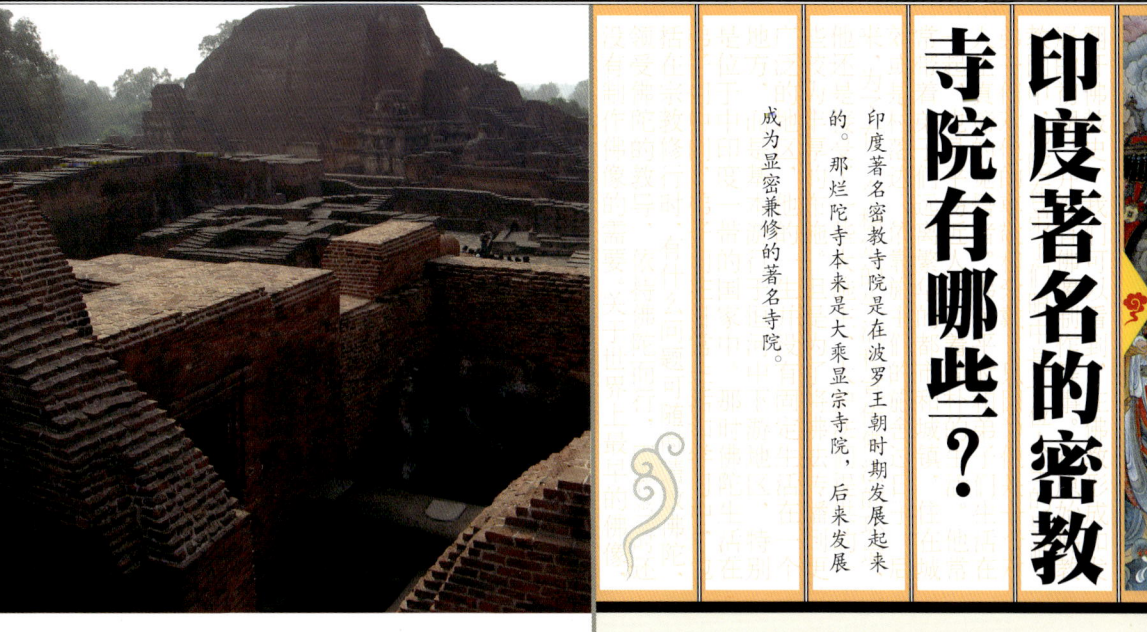

❀ 那烂陀寺遗址

那烂陀意为"荷花"，那烂陀寺是古印度历史上最大的佛教寺院，曾有多达九百万卷的藏书，历代学者辈出，最盛时有万余僧人学者聚集于此。

中国唐代僧人义净记载，他曾在那烂陀寺多次入坛修密，说明当时该寺已经风行密教。

欧丹多富梨也是印度著名的密教寺院。波罗王朝四世达摩波罗时，国力最盛，该寺就是他主持修建的。地点在那烂陀附近。达摩波罗王为了利用宗教，又在恒河南岸的小山上另建一座寺院。寺院是以王的另一尊号命名的，称作毗鸠罗摩尸罗，汉译名超戒寺。此寺遗迹，今已荡然无存。据西藏史料记载，规模比那烂陀寺还大，中心是一个大菩提佛殿，四周围绕有108座小寺院，其中有一半属于密教的内道部分（密教也分层次，有内外之别，高级的属于核心部分的叫内道），另一半属于密教的外道部分和显宗。由此可见，该寺以密教为中心。寺内墙壁上绘画了主持该寺的著名学者的图像。住寺学者，经常有108人，执事有114人。在寺院学习毕业时，国王给成绩优秀者以"班底达"（学者）学位称号。特别有成就的学者称作"守门师"，后世有"六贤门"（六门指东南西北四门和中央两道门）之称。毗鸠罗摩尸罗寺以密教为主，当然更适应群众的信仰。以密教为方向提倡佛学，对统治者也有利，所以波罗王朝各代对它均予以大力支持，一直存在到斯那王朝时期。

印度密教灭亡的原因是什么？

印度密教在印度灭亡有两个主要原因：一是佛教自身为了迎合印度的外道，结果与外道合流而使自己融入于印度教中；二是伊斯兰教军队的屡次入侵与彻底摧毁，佛教没有了容身之地。

在波罗王朝偏安之初期，伊斯兰教的摩诃末将军就开始占领了印度河流域。公元10世纪后半期，伊斯兰教军队占领喀布尔并奠都于此，接着又入侵旁遮普，遂入内地，先后达17次。

到了公元11世纪，波罗王朝末期及斯那王朝时代，伊斯兰教军更加深入，终将佛教的最后据点之东印一隅，也一扫而光。于是，密教的大师星散，多经克什米尔诸地而避入中国西藏，部分则逃至尼泊尔一带。著名的那烂陀寺也只剩下70余人。不久王室改宗伊斯兰教，未逃出的佛教徒，均改信伊斯兰或印度教。公元12世纪末，佛教便在印度绝迹了。

桑奇大塔

桑奇大塔建于阿育王时期，为一半球形建筑，埋有佛祖舍利。整座建筑雄浑古朴，雕刻极其精致。

印度密教的传播情况怎样？

印度密教在兴起后，先后传入中国、日本、朝鲜等国。在中国西藏，密宗的兴盛是藏传佛教最大的特点。

印度密教于公元8世纪传入中国。汉地佛教密宗称作真言宗，在唐朝中叶颇为盛行。汉地佛教密宗仅接受了印度密宗的事、行二部，与汉地的封建伦理道德观念相悖的瑜伽部和无上瑜伽部没有被接受。此后，密宗在汉地没有得到更大的发展，传至宋朝时期便衰落了。

密教在中国唐代时由弘法大师从中国汉地传入日本，称为真言宗。日本真言宗也只接收了密教四部的事部、行部、瑜伽部，而没有接受无上瑜伽部。密教在7世纪后半期传入了朝鲜半岛。15世纪，朝鲜李氏王朝采取排佛政策，禁止密教的传播。今日，密宗在朝鲜半岛已无踪影。

印度密教弘传最兴盛的地区是中国西藏。西藏接受了印度密教四部（事部、行部、瑜伽部、无上瑜伽部）的全部内容，形成许多教派。西藏密宗于13世纪以后，传入蒙古族地区，并在历史上传入不丹、锡金、尼泊尔等国。

❀ **松赞干布的壁画**
印度密教约在公元7世纪松赞干布时期传入西藏。拉萨布达拉宫中保存有大量关于松赞干布的壁画。

◎佛教小百科◎ 密宗

密宗是何时传入中国西藏的？

佛教最早传入西藏是在公元5世纪左右的拉脱脱聂赞时期。公元7世纪，吐蕃第32代赞普松赞干布统治时期，佛教从印度和汉地两个方向传入西藏。

公元7世纪，吐蕃第32代赞普松赞干布（629～650在位）时，统一了西藏高原诸部，建立了奴隶制的吐蕃王朝，创立了文字，这时苯教已明显地不适应阶级社会的需要，具备了佛教传入西藏的条件。佛教是在松赞干布时期从印度和汉地两个方向传入西藏的。尼泊尔的赤尊公主和唐朝宗室女文成公主先后与松赞干布联姻，二公主进藏，首次把佛经、佛像带入吐蕃。佛教的偶像崇拜和神权至上的思想

❈ 藏传佛教的无量寿佛

阿弥陀佛为西方极乐世界的教主。阿弥陀意思是无量寿、无量光，因此阿弥陀佛又称无量寿佛。

公元5世纪左右，有两个印度僧人带着几件印度密教的器物进入西藏。其中四件东西是《百拜忏悔经》，系密宗经典；舍利宝塔，也是密教的东西，是作为对佛的供养而出现的；"六字真言"，即"嗡嘛呢叭咪吽"，是印度密教的"真宝言"，据说常念它可以免入地狱，还可以在死后升入"极乐世界"；"法教规则"，是密宗修习次第的一个法则。总之，这些东西都是印度密教的东西。但当时藏族尚未出现文字，藏王又不识梵文，因此，把这些东西称作"宁保桑瓦"，意为"秘要"，供养起来，所以没有起任何作用。说明当时藏族尚未具备接受佛教的条件。

对刚刚建立集权的吐蕃王室犹如春风拂面，产生了巨大的影响。王室的兴佛对于佛教在吐蕃的传播、发展起着相当重要的作用。在松赞干布的支持下，文成公主和赤尊公主先后在拉萨建立了小昭寺和大昭寺，松赞干布又在拉萨四周建立了12座小庙。

在松赞干布时期传入的佛教已出现有关密宗的迹象，藏文的创制与译佛经的需要是有着内在联系的。松赞干布从印度请来论师译出显密经典多种。当时翻译经典的有汉人大天寿和尚，藏族有吞米桑布扎、达摩郭霞、拉垅金刚祥，印度人有孤萨惹论师、商羯罗婆罗门，尼泊尔人有尸罗曼殊论师等。当时翻译的佛典有《宝云经》、《观音六字明》、《阎曼德伽法》、《摩诃哥罗法》、《吉祥天女法》、《集宝顶经》、《宝箧经》、《观音经续》、《百拜经》、《白莲花经》、《月灯经》等。其中就有七八种系密宗经典。当时在拉萨的佛教寺庙里供有各种

※ 拉萨大昭寺壁画

拉萨大昭寺内，内容为修建大昭寺的壁画。大昭寺修建于松赞干布时期，传说寺址由文成公主勘定。我们能从壁画上看到热烈劳动的场面。

佛像，如释迦牟尼、弥勒佛、观音菩萨、度母、佛母、光明佛母、妙音天女、马头金刚、甘露明王等，其中不乏密宗神像。吐蕃王室开始接受具有密宗色彩的佛教。这也是密教传入西藏的开始。但此时传入西藏的佛教（包括密宗）仅在王室范围产生影响，并未深入传播到民间，也没有得到发展。佛教在西藏获得发展是在赤松德赞时期。

莲花生大师的生平事迹有哪些？

莲花生是第一位进藏传授密教修法的印度密教大师，西藏拉萨布达拉宫里专门设有莲花生殿，供有莲花生像和男女双身修密法像。

松赞干布去世后两代赞普因忙于内部平乱和对外征战，无力顾及发展佛教。到赤德祖赞（704～755在位）时虽有建寺、迎僧、译经等兴佛事宜，但信奉苯教的权臣贵族以病灾为借口，发起了驱僧事件，密宗更谈不上什么发展。赤德祖赞死后，其子赤松德赞（755～797在位）年幼即位，大权旁落舅氏那囊家族（信奉苯教）。赤松德赞身旁虽有少数信佛大臣，但总的形势是处在崇苯反佛势力的包围之中。因此，不久即发生了大规模的灭佛事件，史称第一次灭佛运动。直到赤松德赞成年后才同信佛大臣密议设计剪除了反佛势力的代表人物，为兴佛创造了有利条件。首先赤松德赞规定，一切臣民都必须奉行佛教，并派人前往尼泊尔迎请静命（寂护）大师入藏传教。静命是印度佛教自续中观派的代表人物清辨论师的五传弟子，是印度佛教大乘显宗的正统。他入藏后在桑耶翁补才与赤松德赞相晤，为藏王及民众宣讲"十善法"、"十八界"、"十二因缘"等佛教基本知识。但消息传开，苯教势力又借自然灾害强烈反对佛教。静命无力对付苯教势力的挑战，只好暂回尼泊尔，说明显宗无法突破苯教的防线。静命临走前向藏王表示，当请印度密教大师莲花生来才能"调伏群魔"（此指苯教）。莲花生是印度金刚乘创始人俄力萨国国王武德雅拉（因陀罗部底）的儿子，静命的妹夫。莲花生进藏后利用密法同苯教巫师进行

❀ 金制七宝饰莲花生大师嘎呜（护身盒）

多次斗争。他每战胜一些苯教巫师后，即宣布苯教某某神已被降伏，并封其为佛教的护法神。反映了密宗在与苯教斗争中为佛教打开局面的重要作用，而这一点倡显宗的大师是无能为力的。但佛教的发展仅靠密宗也不行，因此，赤松德赞又请静命进藏。其后，为建立佛教基地，赤松德赞请莲花生、静命相助，于公元766年建成西藏第一座正规寺院桑耶寺。

桑耶寺建成后，有两件事对佛教在藏发展有相当重要的作用。一是剃度藏族僧人。赤松德赞派人从印度请来说一切有部的12位比丘，以静命为亲教师，度宝护、遍照护等7人为僧，史称"七觉士"。这是藏族出家的第一批僧人，标志着西藏从此建立了以藏族为主体的佛教僧伽组织；二是广译显密典籍和传播密法。当时译出的主要密教经典有法称的《金刚界曼荼罗等密教要点》；无垢友的《集密幻变修部八教经论》；遍照护、玛宝胜、业童智、努佛智等秘密译出的《普成王经》、《集密意经》等。

这一时期内，密法修习开始传播。莲花生已把印度因陀罗部底系金刚乘密教传于西藏。这时已含有密宗四部修法之最高阶段的无上瑜

❀ 莲花生大师唐卡

伽密。据载，当时莲花生共有5个所谓"世间空行母"（也称明妃、佛母，系密宗修"乐空双运"无上瑜伽密的女性伴侣），其中之一就是赤松德赞的王后意希错结。说明密宗无上瑜伽密中利用女性修密的形式已经出现在吐蕃宫廷中。同时，莲花生还向赤松德赞和王妃等传授莲花马头明王法、金刚橛等密法。当时莲花生等已把密宗随血祭仪式传到西藏。这种仪式的出现，引起信奉苯教的贵族们的强烈反对。例如，崇苯贵族的代言人王后侧绷萨指责用人头骨、人皮、人肠、人血、少女腿骨作法器、祭品的密宗仪式是黑巫术、鬼怪，要求赞普尽快结束这种密法。

藏密「前弘期」有哪些特点？

从公元7世纪中松赞干布时佛教传入西藏到公元9世纪中赤热巴坚（Ral pa can）时期史称为藏传佛教的「前弘期」。

从松赞干布兴佛到朗达玛灭佛这二百年间为西藏佛教发展史上的"前弘期"。

在藏传佛教"前弘期"的发展有两个特点：一是密宗已传播到民间，在民间以师徒、父子、叔侄的形式相传，因此吸收了苯教的一些仪式和神灵，开始使密教具有西藏地方的特点；二是从吐蕃官方来说，只许翻译密宗事部、行部、瑜伽部的密典，不许翻译无上瑜伽部的密典。因此，"前弘期"佛教密宗无上瑜伽密不甚发达，西藏佛教界特称其为"旧派密咒"，而把"后弘期"无上瑜伽密比较发达的密宗称为"新派密咒"。

❀ **托林寺是西藏阿里地区最古老的寺庙**

朗达玛灭佛事件发生后，托林寺一度成为西藏的佛教中心。图为托林寺坛城遗址，由于年月久远，这里已经成为一片废墟。

朗达玛灭佛对密宗有什么影响？

朗达玛灭佛对显宗造成毁灭性打击，但密宗因秘密单传，一直在民间流传，所以没有被彻底消灭。朗达玛灭佛后，百余年中西藏地区基本不见佛教踪迹。

❀ 赤祖德赞被杀壁画

赤祖德赞为吐蕃最后一位护持佛法的名王。

佛教传入西藏后，与传统苯教势力的斗争，历二百余年而不息。西藏佛教传至赤祖德赞（815～838在位）时，达到高度发展时期。他与松赞干布、赤松德赞在藏文史籍中合称为"三大法王"。赤祖德赞极度崇佛，引起部分大臣的不满。尊崇苯教的贵族权臣韦·甲多热和觉若·雷扎等使用"清君侧"的计谋，把出家为僧的赞普之兄藏玛流放边地。公元838年（唐文宗开成三年），赤祖德赞最终被韦·甲多热和觉若·雷扎等人缢杀。随后，赤祖德赞的四子朗达玛（又称吾都赞普，838～842在位）被拥立为赞普。

朗达玛在位5年，在位期间发动了大规模的灭佛运动。朗达玛把赤祖德赞时期已经开工修建的佛寺都停了工，桑耶寺、大昭寺等著名寺院神殿都被封闭，小昭寺被当做牛圈使用，凡是佛教活动的场所都遭到查禁。佛像被从寺庙里取了出来，钉上钉子扔到河里。另外，有数量众多的各种佛经被烧掉，其中有少数佛经被僧人偷偷地埋入岩洞之中保存下来，这就是以后发掘出来的被称之为"伏藏"的典籍。佛教僧人同时遭到镇压，僧人无法在吐蕃生存下去，只得另找出路。灭佛之事来势迅猛，佛教势力大减。灭佛事件稍有平定，一佛教僧人贝吉多吉潜入拉萨，刺死了朗达玛。朗达玛灭佛标志着藏传佛教的"前弘期"结束。

◎ 佛教小百科 ◎ 密宗

藏密"后弘期"有哪些特点?

学者多把公元978年作为西藏"后弘期"佛教时代的开端,因为这一年佛教重新从多康地区传回西藏。

这件事在藏传佛教历史中称为"下路弘法"。标志着"后弘期"到来的另一事件,是阿里古格王朝统治者意希沃派人去印度迎请高僧阿底峡进入阿里地区传佛。后来,阿底峡辗转来到卫藏地区,使佛教势力从阿里进入卫藏并得以复兴。这在藏传佛教史中称为"上路弘法"。

佛教的再次兴起有一个突出的特点,就是兴佛势力的分散,各地方封建主掌握下的佛教势力逐渐形成了许多不同的教派和教派支系。最早形成的教派是宁玛派,以后又有噶当派、萨迦派、噶举派、希解派、觉域派、觉囊派,以及影响最为深远的格鲁派等。各个教派有其侧重的密宗教法。其二是"后弘期"佛教密法之盛是前一阶段无法相比的,特别是无上瑜伽密。因为西藏佛教"后弘期"初期正是印度波罗王朝大崇密教,特别是无上瑜伽密时期。西藏"后弘期"佛教从上路(阿里),下路(多康)分别传回卫藏,而新派密咒则主要是从上路传播来的。

❁ 曲松拉加里宫远景

公元9世纪时,朗达玛被杀,西藏陷入混乱。一些贵族上层逃到西藏山南地区,逐渐形成拉加里王系,并建造了这片建筑。目前这片建筑已是残垣断壁。

译师在传播密宗方面有何贡献？

藏传佛教"后弘期"是藏印两地佛教大交流的时期。据统计，这一时期由印度来藏弘法的译师、论师有上百名，由西藏去印度学习显密教法者也达百人以上。其中在传播密宗教法上有较大贡献者有仁钦桑布译师、卓弥译师、玛尔巴译师、桂·枯巴拉则译师等。

阿里古格王朝国王意希沃热衷于兴佛事业。据说他对大乘显宗教法尚觉可信，但对密宗是否真正佛法表示怀疑。因为当时在民间流传下来的密宗十分杂乱，于是他选出仁钦桑布等21名青年派往迦湿弥罗（今克什米尔）留学。其中19名因感染瘟疫死于该地，生还者仅仁钦桑布和玛·来贝喜饶（善慧）二人。他们学到了"密宗真传"（实际上仍是金刚乘密教）回藏后热心译经、传教，为密宗的兴盛作出了贡献。

仁钦桑布生于阿里古格宁旺热特那地方，13岁出家，曾先后3次赴印度等地留学，跟从印度75位大师学习佛法。他不仅在显宗方面对般若学说的弘扬颇为出力，而且特别注意密宗的传播。密宗四部，尤其是瑜伽部诸经广释、仪轨、修法等，是他译传的重点，如金刚生仪轨、幻纲经、寂静的一切密经疏等都是他译出的，据统计，他一生共翻译了17种经、33种论、108种怛特罗（密咒），还有不少医学、文法、工艺等方面的书。因此后世称其为"洛钦"（大译师）。由于他翻译了大量密教典籍，西藏佛教史上以他为界，把他之前翻译的密典称旧派密咒，而把他和他以后翻译的密典称作新派密咒，仁钦桑布弟子甚众，玛·来贝喜饶是他的上首弟子。"后弘期"佛教密宗特别是无上瑜伽密部的盛行，和他有很大的关系。

卓弥译师（994～1078）名释迦意希，是印度佛教道果密法在西藏的传播者。他早年到尼泊尔跟静贤论

✿ 明代金刚萨埵像

◎ 佛教小百科 ◎ 密宗

师（寂静之弟子）学习声明，后3次赴印拜著名论师学密法，住印度超严寺，向般若因陀罗如其学"道果"密法。回藏后译出二观察等三续、母续欢喜金刚法等许多密法，并建牛古龙寺。卓弥门徒甚多，著名的有玛尔巴译师、桂·枯巴拉则译师等。萨迦派始祖昆却杰布（1034～1102）曾向卓弥献黄金求学"道果"密法。尔后，昆却杰布于公元1073年在仲曲河谷的萨迦地方建萨迦寺，创立萨迦派。其子贡噶宁布（1092～1158）除继承其父从卓弥所学"道果"等密法外，自幼还学到集密、四面大黑天法、欢喜金刚法、摩诃哥罗法、胜乐法等72种续部（密法）及14种甚深教法，而成为一切密法的教主。他总括从诸师所学"道果"法，建立了完整的"道果教授"，成为萨迦的主要教法，后被尊称"萨钦"（萨迦派大师），并为萨迦五祖之首祖。萨迦派的主要教法就源自卓弥。

桂·枯巴拉则译师初从卓弥学法，后三次赴印度，接触过许多著

托林寺壁画

风格活泼明快。经过画师千百年不断创造，吸取了汉地及邻邦印度、尼泊尔等外来的绘画技艺，西藏壁画形成自己独特的风格。

名论师，长期跟静贤译师学密宗集密龙猛派教授，曾拜阿底峡为师。回藏后，他译有《胜乐金刚空行续》、《四座续》、《摩诃摩耶续》和《欢喜金刚续》等密法。主要所弘的教授，就是龙猛派的集密。他的弟子很多，宁玛派的素尔穷·喜饶扎巴（1014～1074）曾听他讲过《喜金刚经》。

玛尔巴译师本名却吉洛追（法慧），15岁从卓弥学习声明，后三次赴印度，四次赴尼泊尔从那饶巴、弥勒巴（梅只巴）、静贤、庞廷巴等诸大论师广学集密、胜乐、大手印、欢喜金刚、摩诃摩耶、四座等密法。回藏后，定居在洛扎的卓窝垅译经传教。他把所学全部密法传给米拉日巴（1040～1123），米拉日巴再传达波拉杰（1079～1153）形成了噶举派达波噶举系统。米拉日巴另有一著名弟子热穷巴（1083～1161），本名多吉扎，是米拉日巴的同乡，幼年从米拉日巴学法，后赴印度学胜乐等数种密法和无身空行母法。回藏后又把该法传给米拉日巴，后在噶举派中形成"热穷耳传"和米拉日巴

❈ 米拉日巴唐卡

的"胜乐耳传"两个系统。热穷巴曾到西藏各地传播噶举派密法，后长期住洛饶地方，以此为中心，着重传授密宗修炼（实修）而不大注重教法传承，故未形成支派。玛尔巴译师所创噶举派形成于公元11世纪。它一开始就分为两大传承系统，即达波噶举和香巴噶举，但两系的密法是同源的，均来自那饶巴等论师和玛尔巴译师。

西藏苯教经历了哪些历史变化？

苯教是在佛教传入西藏之前，流行于藏区的原始宗教。苯教最初在今西藏阿里地区南部、古代称作象雄的地区发展，后沿雅鲁藏布江河谷自西向东传播到整个藏区。

苯教的祖师叫"兴绕"，意思是最高的巫师。苯教信仰万物有灵，所崇拜的对象包括天、地、日、月、星宿、雷电、冰雹、山川、草木、禽兽等众多自然物。学者把这种宗教称作灵气萨满教（Animist shamanism）。苯教的产生与西藏极为特殊的地理环境有着密切的关系。

苯教把世界分为三个部分，即天、地、地下。天上的神名字叫做"赞"，地上的神称为"年"，地下的神称为"鲁"，即常说的龙。天神在苯教中占重要地位，传说吐蕃王朝的第一位王聂赤赞普就是天神之子，顺着天梯降到人间的。聂赤赞普和他以后的六位赞普在完成人间的事业后，都顺着天梯回到天上。第八位止贡赞普在和大臣罗昂比武时被杀，这个天梯就被割断了，从此以后的赞普就再也不能上天了。

❀ **西藏那曲地区聂荣诺布林寺的白巴神殿**
诺布林寺是一座著名的苯教寺庙，由于受藏传佛教的影响，诺布林寺的形制与一般的藏传佛教寺庙没什么区别。

止贡赞普是第一位把尸体留在人世间的吐蕃王朝的赞普,从此吐蕃王朝的赞普有了陵墓。在苯教的经典和传说中曾提出,地从里到外有九层,而天也有九重。有关九重天的说法以后又发展为十三重,"十三"在苯教中是一个吉祥的数字。

苯教的活动主要通过巫师来进行,巫师作法时最主要的法器是鼓,藏传佛教受此影响,也将鼓列为重要的法器。苯教的巫师在社会上很有威望和地位,从婚丧娶嫁、农耕放牧,到交兵会盟、赞普的安葬建陵、新赞普的继位主政,都由苯教巫师来决定。

苯教巫师权力的膨胀,很大程度地削弱了赞普的权力。苯教巫师大都由贵族的子弟世袭担任,而巫师总假借神的意志支持贵族势力,与吐蕃王室作对。因此,吐蕃王室与苯教的矛盾日益尖锐。

公元7世纪初,佛教传入藏区,很快受到吐蕃王室的扶植。公元755年,赤松德赞即位后,提出让佛教和苯教的代表人物辩论两种宗教的优劣。当辩论结束后,赤松德赞宣布他认为佛教的教义有道理。随后,信奉苯教的人不是被迫改信佛教,就是被流放到边地。苯教从此受到很大的压制。

跳神

"跳神"是西藏一种传统的面具舞蹈,用来驱魔酬神。

公元9世纪时,朗达玛即位赞普后实行排佛运动,一度被压制下去的苯教势力又开始兴盛起来。苯教针对自身缺乏理论体系的缺点,大量借鉴、吸收、改造佛教的经典、教义和仪轨。苯教没有教主,于是便借鉴佛教的教主释迦牟尼,创造出"兴绕"这个传说中的苯教教主;另外苯教还把大量的佛教经典翻改成苯教经典。另一方面,苯教也采取了一些和佛教相反的做法。如佛教对圣地是以顺时针方向转为功德,而苯教则以逆时针方向转为功德,转动经筒时也是如此。随着藏传佛教在藏区取得统治地位,苯教的势力越来越弱。现在,藏北地区仍有部分苯教信徒。

阿底峡对藏传佛教的贡献如何？

阿底峡（982～1054）本名月藏，29岁出家，法名燃灯吉祥智，曾任那烂陀寺和超戒寺首座（住持），颇有名声。当时西藏佛教正处于后弘期的开端，阿底峡进藏传佛，对西藏密宗的发展具有深远的影响。

西藏"后弘期"佛教密宗兴盛的同时，不可避免地出现了重密轻显，密法修习次第混乱等现象。对西藏佛教显密修习次第进行整顿调整者则是印度著名僧人阿底峡（今属孟加拉）。

西藏阿里古格王朝绛曲沃遵照其伯祖父意希沃的遗愿，派那措译师格西贡塘巴、安敦、格敦、嘉敦等携黄金往迎之。公元1042年，阿底峡进藏，在藏传教17年，73岁时病殁于西藏聂塘。其间，除传徒授法外，他主要致力于调整西藏佛教显密修习次第和显密两宗关系。阿底峡进藏后，在托林寺作《菩提道灯论》就是针对西藏当时显密修习混乱而来的。《菩提道灯论》概述了显密要旨及三士道（出离心、菩提心、真空见）和福智双修的见解。阿底峡并不反对密法，而且把无上瑜伽密部视为"圆满修持"的重要组成部分和最高修行阶段。不过阿底峡对密法传授极为慎重，不肯轻易传授。因此，他把四本续之一切口诀只秘密传给仲敦巴（1004～1064），使他成为显密全部之教主。仲敦巴于1056年受达木（今当雄）封建主的迎请到达热振，建热振寺，遂形成噶当派。仲敦巴死后，其弟子承袭分别传徒授法，于是又形成该派中的教典（重经）、教授（重师长指点和实修）和教诫三大派系。

阿底峡的宗旨反映了当时印度的密教状况。在印度波罗、斯那两王朝期间，密教发展有两个系统。一是以寺院（那烂陀、超戒）为中心，其

❁ 唐卡阿底峡本生

阿底峡是藏传佛教的奠基人之一，他传播的思想和学说后来形成噶当派。宗喀巴继承和发展他的学说创立了格鲁派。

❀ 清代阿底峡像

特点是把密宗教理与显宗教理混合起来谈。如师子贤就是达摩波罗时代的论师，他提倡般若学说与密教相结合。他的弟子觉智足则更是将般若与密教混合起来讲的。阿底峡也是印度当时显密双谈的一位大家。二是通俗化的密教，不重教理，专重实修。噶当派的教法对调整显密关系，提倡先显后密的次第，强调修密的"根器"有一定的作用。藏传佛教各派均受到该派的影响。其中后起的格鲁派（黄教）完全是在噶当派教法基础上形成的，因此格鲁派又称新噶当派。

密宗

宗喀巴对密宗的发展有何贡献?

宗喀巴（1357～1419）是藏传佛教格鲁派（黄教）的创始人，在西藏弘传阿底峡的显密结合教法。后来格鲁派在西藏政治和宗教上取得统治性地位，其显密教法对西藏社会之深刻影响也较其他教派为重。

宗喀巴年轻时曾从诸大师广学显密经论，达到很深的造诣。他7岁时在青海西宁附近的甲琼寺出家，从噶当派僧人顿珠仁钦（1309～?）学经9年，在佛学方面打下坚实的基础，16岁到卫藏学经，从仁达瓦·宣努罗追（1349～1412）学萨迦派教法，其佛学观点对宗喀巴影响很大。宗喀巴全面学习了西藏佛教显密二宗各派教法，并系统进行修习。此外，他积极进行宗教社会活动，广交名士，为人讲经，与人辩论。由于他佛学知识渊博，记忆超人，口才出众，因而声望很高。他大力提倡戒律，强调显密修习次第，并著书立说，广为宣扬。他以阿底峡的《菩提道灯论》为宗，著成《菩提道次第广论》和《密宗道次第广论》，书中体现了宗喀巴的显密思想的完整体系，是格鲁派的理论基础。他重视几种大部密典的注释解说，而不专修其中一种密法。此外，重在以显教理论为基础集合密宗修证的体验，从而体现出他倡导的必须在显宗深厚的基础上才能系统修习密法，先显后密的宗旨。

宗喀巴的时代，印度佛教早已泯灭，但从宗喀巴可以看出"藏密"发展了印度密教，印度后期密教提出的、但未及组织化和实践的思想，在宗喀巴时得到完成，这是密教西藏地方化的重要表现之一。

❀ 清代宗喀巴像

❀ （右页图）格鲁派皈依境唐卡

宁玛派侧重的密法是什么？

西藏佛教宁玛派是诸教派中历史最久远的一派。藏语「宁玛」两字的意思是「古」或「旧」。所谓「古」，是说该派自称是自公元8世纪莲花生大师时承传下来的，比其他教派的形成早300余年；所谓「旧」，是指它所传的是「前弘期」的旧派密咒。

桑耶寺莲花生降魔壁画

公元11世纪时，西藏僧人索尔波且·释迦琼乃（1002～1060）、索尔琼·喜饶扎巴（1014～1074）、索尔琼·卓浦巴·释迦僧格（1074～1143）和绒·却吉桑布等奉莲花生为祖师，依照他入藏所传密咒和伏藏修习为传承，开始建立寺庙，开展活动，遂形成一派。但当时并无派名，在"后弘期"其他教派形成后，因其遵循旧密咒，故称其为宁玛派。宁玛派的特点是组织涣散，教徒分散各地，教法内容也不一致，各有各的传承。宁玛派重密轻显，无正规的学经制度。

宁玛派的教法有多种传承，通常说到的有三种：一、远传者经典传承；二、近世伏藏传承；三、甚深净境传承。宁玛派的教法判为九乘，分别是声闻、缘觉、菩萨名、事部、行部、瑜伽部、生起摩诃瑜伽、教敕阿鲁瑜伽和大圆满阿底瑜伽。

清代六臂玛哈噶拉像
玛哈噶拉又名大黑天，藏传佛教传入蒙区后，玛哈噶拉成为蒙古各部最为信奉的护法神。

宁玛派的大圆满法是什么意思？

大圆满法是宁玛派主要的也是特有的密法。它主张人的心体就其本质而言是纯净的，是"远离尘垢"的。修习的目的在于如何把这个远离尘垢的心体把握好。宁玛派认为要把握好自己的心体，就应该采取听其自然的做法，让这个心随意而住。

任何大乘佛教的派别都讲境、行、果。境，是对宇宙万物本体的认识；行，是作为；果，是从行而得到的结果。对于境，宁玛派认为，这个本体既非世间之心所能了解，也不是超世间的心所能了解。这个本体是洁净的、永恒的，是不会被尘垢污染的。而一切法，都是从这个本体派生出来的，没有这个本体，也就没有世间万物。

对于"境"有了这样的认识，然后应该如何去"行"呢？宁玛派认为应该按大圆满法去修习，去行动。据该派说，如果按大圆满法去修习，就能摆脱各种迷惑的思想，摆脱各种欲望和心意，也就会变得干干净净，这样，大圆满法的成果就得到了，也就是"即身成佛"了。

❀ 桑耶寺大殿内景

◎ 佛教小百科 ◎ 密宗

49

噶当派侧重的密法是什么？

藏语"噶"字意为"佛语"，"当"字意为"教授"或"教诫"；"噶当"意指一切佛语（显、密经律论三藏）都是对僧人修行全过程的指导。噶当派的教法源于阿底峡，但该派正式创始人是阿底峡的弟子仲敦巴（1005～1064）。

兴佛证盟碑

8世纪，佛苯之间曾有过一场大辩论，吐蕃赞普赤松德赞宣布佛教取胜，下令全藏改信佛教，并在桑耶寺立下了这块"兴佛证盟碑"。

阿底峡入藏弘法，应阿里古格王朝绛曲沃之邀，著《菩提道灯论》，阐明显密教义不相违背之理和修行应遵循的次第，为噶当派的理论和实践打下了基础。仲敦巴跟从阿底峡学习显密各种教法。公元1054年，阿底峡在聂塘去世后，其门徒多从仲敦巴学习法。公元1056年初，仲敦巴应当雄封建主之请，前往传教，并在热振地方建热振寺作为根本道场，后逐渐形成噶当派。

仲敦巴死后，其三大弟子分别传法，遂形成教典派、教授派和教诫派。由博多哇·仁青赛（1031～1105）传出的一支称教典派，该派比较重视佛教经典的学习；由京俄哇·楚臣拔（1038～1103）传出的一支称教授派，该派比较重视师长的指导，重念咒、供佛和静修。教诫派系普穷哇·宣奴坚赞（1031～1106）所传。教典派传授阿底峡的思想，说一切经论都是成佛的方便，一切教典都是修行的依据，以此为宗旨，主讲"噶当七论"（《大乘经庄严论》、《菩提地》、《集菩萨学论》、《入菩提行论》、《本生论》、《集法句经》和《菩提道炬论》）；教授派以阿底峡的《菩提道炬论》中"三士道"次第见行双运为主旨，以"四谛"、"缘起"、"二谛"为教授，以明"无我义"之正

义,通依一切大乘经典,别依《华严经》、龙树的《宝论》、寂天的《集学论》,《入行论》为主;教诫派以"恒住五念"教授为主旨,以"十六明点"的修法为心要法门,修这个教授的,下自戒律,上至金刚乘法,能在一座中一齐修习,所崇拜的本尊有释迦佛、观音、绿度母、不动明王,教法是三藏,四尊、三藏,合称"噶当派七宝"。

噶当派虽以显宗为主,但并不排斥密宗,取调和态度。修习次第强调先显后密,主张显密二宗不应相互攻讦,而应当相互补充。噶当派所传密法,是以《真实摄经》一系的密法为主。《真实摄经》属于密宗四部怛特罗中的第三部即瑜伽部,对该部的解释仍然是以显宗教义为基础的。在阿底峡时,四部怛特罗中的第四部即无上瑜伽部的一些内容,如胜乐、大威德、密集等已经在印度盛行,并且逐步传播到西藏。无上瑜伽部,除了具有狰狞、恐怖的色彩外,还有一些双身欢喜佛,描写男女性关系的内容,往往导致一些污秽的事情出现。因此,阿底峡在世时提倡遵循第三部怛特罗瑜伽部的《真实摄经》修习密法。这样,既显示了噶当派与萨迦派、噶举派专门崇尚无上瑜伽部密法有所不同,又与宁玛派的密法中大量吸收苯教的东西有更大的差别。因此,噶当派在西藏佛教中享有显密教法"纯净"的声誉。

虽然噶当派后来以怯喀寺、基布寺为基础形成了一个规模较大的寺院集团,但并没有掌握地方政权。公元15世纪初,宗喀巴在噶当派基础上创立了格鲁派,亦称新噶当派,原来属于噶当派的寺院都变成了格鲁寺院,噶当派遂并入格鲁派。

❀ 藏王陵

《菩提道灯论》的内容是什么？

阿底峡的《菩提道灯论》，译成汉文仅有两千字左右。它把一个佛教徒从最初拜师学佛到最后修成佛果的整个过程中所应做的事情都详加罗列，让学佛者由浅入深，循序渐进，沿着所说的阶梯逐步攀登。

按该论的说法，学佛的人可以分成三类：一类称作"下士"，这类人不希求解脱世间的痛苦，只求今生今世的"利乐"，佛教把这叫做"人天乘"；第二类叫做"中士"，这种人只追求个人解脱世间流转轮回之苦，并没有普度众生的想法，佛教把这叫做"小乘"；第三类叫做"上士"，这类人不仅自求解脱，并愿普度众生，佛教把这叫做"大乘"。人分三类，修习次第也分为三道，即"下士道"、"中士道"和"上士道"，合称为"三士道"。

"三士道"认为，一个人若想学佛，必须先访求名师，并且依照师长的指导，身体力行去修习，以免误入歧途，这是学佛法的一个先决条件，在具备了这个条件以后，才能从"下士道"依次修起。

"下士道"的内容是说，凡人皆有死，一到死的时候，人所有的名利、亲属、财产都带不走，就连自己的身体也不能带走，因此，修佛的人应该爱惜自己这难得的一生，必须努力学习佛法，以免死后堕入"三恶趣"之中，痛苦难言。要自己发愿心，皈依佛、法、僧"三宝"，努力做"止恶修善"的事，以便积德积福，远离地狱之苦。据佛教说，这就是"下士勤方便，恒求自身乐"。

一个人如果照"下士道"的指导原则努力地修习佛法，虽然在来生可以不受地狱、饿鬼、畜生"三恶趣"的痛苦，在人、阿修罗、天"三善趣"中投生，但这并不是绝对的乐，不是终极意义上的乐，只是与"三恶趣"相对比意义上的乐。而且如果自己的"下士道"操持得不好，还有可能堕入"三恶趣"的苦海之中。为了超脱流转轮回之苦，就需要进一步按照师长的指导，依照佛教规定的戒、定、慧"三学"，很好地修行，以求达到涅槃的境界。但是，这只是求得自身的解脱，还不能算是从根本上把苦灭掉，这就是"中士道"，用佛经的话来说，即"中士求灭苦,非乐苦依故"。

"中士道"中所说的戒、定、慧"三学"是一切有情众生能够获得"解脱"的因,也就是说"解脱"是戒、定、慧"三学"的果,正如佛教所说:"欲得正果,须得正因。"戒、定、慧的次序是有一定的,佛教比喻,戒好像一道墙或一架屏风,可以用来挡住风,使外在的危害力量无从构成威胁。由于风被挡住,屋子里的空气平静下来,这就是由戒到定。只有在这样一个定的环境里,修习人的智慧之光才能像蜡烛的光亮一样,燃烧得明亮透彻,毫无障碍,这就是所谓的慧学。

"中士道"是讲一个修习佛法的人沿着戒、定、慧"三学"的道路求得解脱之果,登上涅槃。但是,即使取得这样的成果也还不够,还应当下决心去普度众生。要普度众生,"三善趣"里的人、阿修罗、天以及菩萨都还不能做到,只有成了佛才能办到。普度众生的愿望,佛教里叫"发菩提心"。但是如果只是发菩提心而没有菩提行也还不行,还需要实行"六度"或"六波罗蜜"。六度是:布施、持戒、忍耐,这称为前三度,精进、静虑、智慧,称为后三度。这样既可以度己,又可以度人,可以成佛,可以普度众

❀ **白居寺所藏的藏经**
　　西藏江孜白居寺所藏各种版本藏经。藏人崇佛,所以藏经的印制特别考究。

生，可以永远离苦得乐。这就是"上士道"。佛经说"上士恒勤求，自苦他安乐，及他苦永灭，以他为己故"就是这个意思。

在《菩提道灯论》的最后指出，密宗比显宗的地位要高，并且分别等次，划密宗经典为四部（事部、行部、瑜伽部、无上瑜伽部）。该书还以佛教徒的修习次第为纲领，系统地安排了佛教学的主要内容，它把公元11世纪以前的所有佛书都安排到这个体系之中。当时的西藏佛教尚处在一个分散和杂乱无章的时期，因此，该书就成了当时唯一对佛教有系统论述的论著。它一方面成为噶当派的思想基础，另一方面也在西藏佛教徒中确定了以实修为主的精神。

❈ 七世达赖葛桑嘉措唐卡

萨迦派侧重的密法是什么？

藏语"萨迦"意为"灰土"，因该派主寺坐落的山坡上有一片灰白色的岩石，故该寺叫"萨迦寺"，教派也叫"萨迦派"。这派僧人头戴红帽，也有人称他们为红教。又因萨迦派寺庙及该派百姓的庄房墙壁上都刷有红、白、蓝三色线条，所以人们又称其为"花教"。

萨迦派历史悠久，为西藏一古老贵族家族昆氏所创立，其法王为世袭。赤松德赞时期，大臣昆拔窝伽的第三子昆氏鲁益旺波松（龙王护）是西藏最早剃度为僧的七人之一。此人的第四子侍寿的儿子金刚宝，数传至释迦慧。释迦慧又有二子，次子就是贡却杰布（1034～1102）。贡却杰布从小智力过人，随其父学习宁玛派教法和经典。后来，拜卓弥译师释迦益希为师，广学"后弘期"所翻译的密教经典。又从桂·枯巴拉则译师、迦湿弥罗国（今克什米尔）杭都迦薄译师、玛宝胜译师、津巴译师等学习显密教法，而以卓弥所传"道果法"为主要教法，广招信徒。40岁时，贡却杰布在奔波山建立萨迦寺，以后就逐渐形成萨迦派。建寺后，住持弘法30年，于藏历水马年去世。

当时，其长子贡噶宁布（1092～1158）年幼，于是就请拔日译师仁钦扎住持萨迦寺，并拜仁钦扎为师，学法甚多。另外，又向当时许多著名法师和译师学习显密教法，还学习了"道果法"的密诀和修道法。贡噶宁布以后成为教主，住持萨迦寺48年，弟子甚众。"弟子中有得世第一法者3人，得忍者7人，得通达者80人，秉承讲说之心子11人，解释文句之心弟子7人"。另外，贡噶宁布亲生4子，第四子白钦威布（1150～1203）的长子贡噶坚赞（1182～1251）就是以后著名的萨迦班禅。

贡噶坚赞自幼从伯父扎巴坚赞学法，相传9岁就能为人讲法。他精通梵

❋ 萨迦寺密集金刚鎏金像，也称欢喜佛。

◎ 佛教小百科 ◎ 密宗

55

文，18岁学《俱舍论》，19岁从喀伽班禅听《金刚歌》等，又从宁敦金刚归学慈氏诸论。20岁时，从玛甲菩提精进和粗敦童狮子学习《因明论》，从则巴自在狮子学宗派论，从几倭勒巴菩提光学习寂灭、大圆满、能断等各种教授。23岁时，喀且班禅到西藏，又向班禅及其弟子僧祥、妙来祥、施戒等学声明量论（因明）、大小五明，遂成为五明大师。27岁从喀且班禅受苾刍戒。贡噶坚赞著有《明藏沦》及《分别三律仪论》，尽破当时之"恶说及邪执"，又于基仲以正大理破南印外道西利为首之六敌，使皈依佛法。因此，"美声令誉，遍于大地"，并得到萨迦班禅（萨班）的称号。公元1246年，受蒙古阔端王之邀到凉州弘法，为西藏正式统一于祖国版图作出了贡献。享年七十。萨班的弟弟共有4子，其中最有名的一个就是八思巴（1235～1280）。

到了公元14世纪前半期时，萨迦派内部不和，分裂为细脱、拉康、仁钦岗、都却4个喇章（喇章

❀ 萨迦寺喇嘛吹奏法号

意为僧院），各占一方，逐渐衰落。萨迦在政治上失势后，偏安一隅，成为萨迦地方的小土司，被称为萨迦贡玛或萨迦达钦。萨迦派在宗教上还有一定的影响，明朝时所封的大乘法王、赞善王、辅教王等都是萨迦教派的人，只不过在政治上是衰落下去了。

住持萨迦派的人很多。密教方面是俄巴贡噶桑布（1382～1456），该派学人称为俄尔派，以俄尔寺为中心，成为晚期萨迦派在后藏的重要密教传播场所；图敦·贡噶南杰（1432～1469），在山南贡噶以东建多吉丹寺，成为在前藏传播密法的重要场所，形成贡噶支

派；擦尔钦·罗赛甲措（1496～1566）常住萨迦以西拉孜以南的图丹根培寺，门徒甚众，形成擦尔支派，传播以上两支派没有传播的密法。显教方面，最著名的有雅、绒二师。雅，即雅楚佛祥；绒，即绒敦说法狮子。他们著述甚多，通达五明，门徒甚众。

萨迦派的见解和修行法，诸名师的见解很不一致。如萨班、绒敦等很多人是中观自续派的见解；吉村仁达又是中规应成派见解；释嘎觉开始持中观见解，中间又变成唯识见解，后来又转成为觉囊派的他空见解；其余诸大师持大圆满见解。萨迦派的独特见解是"明空无执"或"生死涅槃无别"，即是"道果法"的见解。"道果法"是萨迦派最重要的密法。

❀ 萨迦寺

萨迦寺珍藏的金汁《甘珠尔》，藏文《大藏经》由《甘珠尔》和《丹珠尔》两部分组成。《甘珠尔》相当于经藏，《丹珠尔》相当于论藏。

八思巴的生平事迹如何？

八思巴出生于西藏萨迦的贵族之家，八思巴是世人对其的尊称，意思是圣者。八思巴是元朝的第一代帝师（元朝历代皇帝信奉藏传佛教，帝师是其对藏传佛教神职人员的最高封号）。

八思巴初生时，其家族长者萨迦班禅曾说："此子胜过余者。"据传，八思巴3岁能背诵海生修法，8岁为众生讲本生论，9岁讲喜金刚根本经。八思巴10岁时，曾随同萨班赴凉州，表示归顺，并为蒙古王子阔端说法。路经拉萨时，八思巴在大昭寺受沙弥戒，取名为罗追坚赞。

公元1253年，八思巴受忽必烈邀请，谒忽必烈于六盘山驻地，传授"欢喜金刚"灌顶，备受崇敬。当时，佛教与道教为争夺蒙古统治者信任，屡起论战。1258年，忽必烈集僧道辩论《老子化胡经》真伪。八思巴参与辩论，使道士辞穷。1260年（中统元年），忽必烈即大汗位，八思巴被忽必烈封为"国师"，赐玉印，统领天下释教。1264年，忽必烈自蒙古上都迁都大都（今北京），在朝廷内设立总制院，授命八思巴以国师身份兼管总制院，掌管全国的佛教事务和藏族地区的行政事务。从此，西藏的政教全权就归萨迦派掌握。1271年，忽必烈改国号为大元，称帝，封八思巴为帝师、大宝法王。1274年，八思巴回萨迦寺，统治西藏。1280年，八思巴去世。

❀ 帝师八思巴行宫蜂窝寺

❀ 布达拉宫藏玉雕八思巴像

密宗

萨迦派的"道果法"内容如何？

萨迦派的教义中，最独特的就是"道果"法，但对于"道果"的解释，则有几种不同的说法。这里，我们根据龙树一派的说法，略作介绍。

修习萨迦派的"道果"法有三个次第，用佛经的话来说，就是"最初舍非福，中断于我执，后除一切见，知此为智者"。

"最初舍非福"的意思是，一个人应当想到今生能投胎为人，而没有堕入地狱、饿鬼、畜生"三恶趣"中去，是由于"前世"积善修得来的，是不容易的事情。要珍惜这个结果，就要防止做坏事。坏事在佛教来讲，就是"非福恶业"，人应该把"非福"舍掉不做，而专心致志于行善做好事，起码可以指望来世投生在天、阿修罗、人"三善趣"之中，这就是"最初舍非福"。

知道了"最初舍非福"的道理，能够努力做止恶修善的事。"下世"可以转生到"三善趣"之中，固然是好事，但仍没有脱离苦恼，没有超脱轮回。要想完全脱离苦恼和流转轮回，那就必须断除"我执"。所谓"我执"就是人们的思想牵挂于某件有形无形的事物之上。如果能把一切有形或无形的事物，从思想上断除掉，即是断除"我执"了。

用什么方法才能断除"我执"呢？这就要树立"无我空慧"的思想。要求修行者首先应该想到：人的身体不过是众缘凑合而成的，并非实有，假若没有父母的因缘巧合，自己的身体也不会存在的，世间万物也是如此，所以宇宙间的万物都不是实有，能悟透这个道理，就是由"无我空慧"来断除"我执"了。把"我执"断除，烦恼苦痛就都无从生起，也就是从流转轮回的痛苦中解脱出来了，这就是"中断于我执"的解释。也就是把世间的一切都看穿看透，以便断除任何欲念，并靠断除欲念来解脱痛苦。

那么，什么是"后除一切见"呢？当一个人有了"诸法无我"的看法（佛教称为"正见"）之后，假如他认为"宇宙万物皆非实有"，那他就犯了"断见"的毛病，因为当他确认这句话是真实的时候，这句话本身就变成是实有了，又怎么能说

"宇宙万物皆非实有"呢？须知"皆非实有"的意思是说一切的"有"都是由于众缘凑合而成为"有"的，所以是"非实有"。因此，不能抓住"宇宙万物皆非实有"这句话去片面地解释。应当认为自然的、独立的"实有"固然是不存在的，但是由于因缘凑合而成的"有"还是存在的，说它不是"实有"，是从它的终极意义而言的。一个人如果只抓住"一切实无"、"一切皆非实有"的话去认识世界，那就是犯了"断见"，而这按照佛教的说法是很危险的，因为一个人如果没有断除"我执"，固然断除不了烦恼，脱离不了轮回。但是只要相信有因果报应生死轮回，他还可以想到不做恶事，以求得到来生的幸福。可是只知抓住"一切实无"的那些犯了"断见"的人，就会认为生无由来，死无去处，因果也是无，善恶也是无，引申开去，他就可以不做善事，尽做恶事，这岂不是比没有断除"我执"的人更危险吗？

"断"的对立面是"常"，"断"可以理解为武断，"常"可以理解为平常。持"断见"有危险,持"常见"，即和平常人一般见解也不足取。佛教既反对"断"，也反对"常"，按佛家的话来说就是"不落断常两边，方为无执之中道"。总之，一个人在断除"我执"以后，还必须防止"断见"和"常见"，要走中道，这就是"后除一切见，知此为智者"的意思。获得佛教所说的"一切智"，也就达到"涅槃"境界这个"果"了。

❀ 松赞干布、赤松德赞、赤祖德赞

松赞干布、赤松德赞、赤祖德赞三人因为护持佛教，因此被藏人称为"三怙主"。

噶举派侧重的密法是什么？

藏语"噶举"意为言传。因该派最重视口授密法的传承，故称噶举派。该派僧人多穿白色衣裙，故又俗称白教。噶举派的教义，显宗传承是应成中观论的，但它最主要的教法是"大手印"属于显密教法。

❀ 噶举派创始人玛尔巴像

噶举派有两个系统：一是玛尔巴（1012～1097）传来的，称为达布噶举；二是由琼波南交巴（1086～?）传来的，叫做香巴噶举。这两个系统的密法教义均来自印度，只因后来传播的地区不同，才分为达布噶举和香巴噶举。

噶举派的始祖是玛尔巴·却吉罗追。他是西藏山南人，15岁在卓弥译师处学法，在通达了声明学（语言学）之后，曾3次到印度，4次去尼泊尔，拜班禅那饶巴、俄达弥勒巴（或译梅只巴）、白益西宁布、珠钦西互桑布等108位大师为师，听讲集密等无上瑜伽部密典，并详细研修各种教授和做法，依止弥勒巴证得"大手印"境界。回藏之后，教化弟子甚众，最著名者有四大弟子，即俄顿曲古多吉、粗顿旺额、梅顿江村和米拉日巴。给前三人讲解教典的教授，辗转相承，广弘"集密"、"胜乐"、"欢喜金刚"、"四座"、"大幻"等灌顶和续部教典的讲说。后来布顿大师和宗喀巴大师广传其教义。传给米拉日巴的是修行的教授。

米拉日巴（1040～1123），是西藏佛教史上的一个重要人物。生于后藏贡塘，年幼丧父，伯父和姑母霸占其财产，使其痛苦难忍。长大后，愤而学习咒术，杀伯父亲友多人，以后又深悔其罪业，前赴洛扎拜玛尔巴为师。初未传法，而用种种苦工折磨他。以后才圆满传授灌顶和修行教授。45岁返乡安葬其母尸骨，后弃世入山静修。弟子甚多，最著名者为热穹巴（1083～1161）和达波拉杰。

达波拉杰出身于达波地方,因精于医道,故称达波拉杰(拉杰意为医生)。他26岁时出家学佛。初拜甲域哇为师学习噶当派中教授派的经典,到32岁时去后藏拜见米拉日巴,从学密法"多吉帕姆灌顶"和"拙火定"。公元1121年,他在达波地区建立岗布寺,收徒传法。达波拉杰融合了噶当派的教法和米拉日巴所传的密法,形成了自己的以"大印"为主的体系,创立了达波噶举支派。达波噶举是和香巴噶举并列的噶举派两大传承之一。后来香巴噶举衰微了,而达波噶举又传出了四大支八小支。

香巴噶举分别以甲寺和桑定寺为中心形成两个支派。甲寺的情况不详。桑定寺在拉萨到江孜之间的浪卡子县,寺内都是男喇嘛,唯独主持是位女活佛,名为多吉帕姆,她是西藏唯一的女活佛,地位很高。该派历史上有一位著名人物叫汤东杰布(1385~1464),他以藏戏作为募捐手段,修建了百余座铁索桥。过去唱藏戏的剧团,都把他当做祖师供奉。西藏有些寺院里有他的画像或塑像,形象是一白须白眉老人,手持几节铁索。

据说,宗喀巴及其弟子克主杰曾向香巴噶举派僧人学过法,但以后香巴噶举就渐渐湮没无闻了。

❁ **楚布寺是噶举派的寺庙**
一名藏人正在楚布寺周围的山路上转山。依照藏传佛教的解释,转神山1圈可洗清一生的罪孽,转10圈可在五百轮回中免受下地狱之苦,转108圈即可今世成佛。

"大手印法"的内容是什么?

噶举派系复杂,但它们所宣扬的教义基本上大同小异,均属玛尔巴·米拉日巴的传承,以龙树的「中观论」为基础而创立的独特的「大手印法」。

❀ 欢喜金刚像

欢喜金刚又叫钦血金刚,简称"喜金刚",藏语称"杰巴多杰",是藏密五大本尊之一。他的形象也是双身的,主尊为8面、16只手、4条腿形象。

大手印法是一种显密兼修的教法,要求修者把自己的思想(心)专注在一个地方("境"),让自己的思想不乱,不起分别,就是不去分别"善恶",持之以久,就可修到所谓的"禅定",然后再从自己的头到脚去观察自己那颗安住于一"境"的"心",是在身外还是在身内,当你发现那里也找不到时,你就"明白"了这颗心并非"实有"而是"空"。这样,就达到了所谓"空智解脱合一"的境界,就成为"佛"了。在修法上,该派大都先从修所谓的"拙火定"(苦修法)开始,即利用气功的那一套功夫,借以防御饥寒,并非如佛教徒所渲染的修法者可以"吞刀吐火,肉体飞升,游行虚空,如履平地"。这种苦修法,在当时条件下,对劳动人民具有很大的吸引力。噶举派的最高修法是无上瑜伽密的所谓"双身修法",即通过男女修法者交媾的形式去证悟"空性"。

噶举派教义的内容,是和一个人的精神作用联系在一起的。修法能使人的身体发生变化,这种变化是客观的,但是噶举派把这种人体的变化归结为修法以后得到的"验证",这就是唯心的了。

什么是"宁玛九乘"、"三部"?

宁玛派的特点之一,是它和苯教相似。苯教有所谓"九乘"之说,宁玛派也有所谓"九乘"、"三部"。"九乘"是在宁玛派形成为一个教派后才产生的。宁玛派把自己的显密教法判为"九乘"。

所谓"九乘"是:一、声闻乘。二、缘觉乘(以上二乘相当于一般所谓小乘)。三、菩萨乘(宁玛派人称前三乘为共三乘,意为显密共习的三乘)。四、作密。五、行密。六、瑜伽密(这是密教四部的前三部)。七、大瑜伽密。八、无比瑜伽密。九、无上瑜伽密(这三乘实际上相当于密教第四部无上瑜伽部)。宁玛派教法的"幻化部"相当于第七乘大瑜伽密;"集经部"相当于第八乘无比瑜伽密,"大圆满法"相当于第九乘无上瑜伽密。宁玛派以为这三乘是它们所独有的,故又称为内密三乘或无上内三乘。而第四、第五、第六,这三乘则是宁玛派和其他喇嘛教派所共有的,故又称外密三乘或无上外三乘。第九乘无上瑜伽密,又分为"心部"、"自在部"和"教授部",这三部在历史上又各有各自的传承,但后来又都包括在"大圆满法"里面。

绒却吉桑波所传的一系列,是以第九无上瑜伽密为主的;到隆钦然绛巴(1308～1364)时,才特别提出了"大圆满法",它实际上相当于无上瑜伽乘,而又以其中的"教授部"为主。"教授部"理论和汉地禅宗的"明心见性"、"直认本真"等思想很相似。由此我们看到了内地佛教对西藏佛教的影响,这种影响可能是公元8世纪的汉僧禅宗僧人摩诃衍遗留下来的,或以后进藏汉僧所传播的。

❋ 西藏绒布寺

西藏绒布寺位于珠穆朗玛峰下,属宁玛派,是世界上海拔最高的寺庙。

◎ 佛教小百科 ◎ 密宗

65

希解派的教法是什么？

希解派是藏传佛教历史上的一个较小的密宗派别，它渊源于印度僧人当巴桑结（？～1117）。

当巴桑结是南印度人，曾在印度超戒寺等寺庙修行，先后以当时佛教显教密教著名大师金洲法称（阿底峡的老师）、迈特里巴（玛尔巴的教师）等50余人为师，跟他们学习显密教法。他曾避世苦修，据说得到了各种成就。他的教法以般若为主，其中又以《现观庄严论》为主。在密教方面，以传大手印法门为主，但不拘一格。他先后5次进藏，在前、后藏南部传授了各种修法，门徒不计其数。由于他因人施教，所教内容又很复杂，所以没有形成一个统一的教派。他教授的以修法为主，其门徒都是以荒山老林墓葬场等人迹罕至之地长期苦修，很少有建立寺庙、组织僧伽形成一派社会势力的。他的弟子中即使有些人收徒较多，传承较久的，也仍以苦修为主，不仅和内地帝室没有联系，在西藏也从没有掌握或参与过地方政权。公元1097年，当巴桑结曾在后藏定日附近（靠近珠穆朗玛峰）建一寺庙，但没有形成为他的教法的中心。相传他晚年曾朝拜过山西的五台山。他所传下来的教法，传承久、人数多的有两派：一、希解派；二、觉域派。

希解，意思是"能寂"，即能"止息"，意思是说他们依靠对般若性空义和一整套的苦行修法，能够达到停止生死流转，熄灭一切苦恼及其根源，故自称其法门为"能寂"，藏文音为"希解"。

至公元14世纪末15世纪初，希解派传承绝大部分都失传了。希解派的一些修法被其他喇嘛教派所接受和流传，而希解派作为藏传佛教的一派，到此时则消失泯灭了。

❀ 藏传佛教法器铁错金金刚钺刀

觉域派及其密法是什么？

觉域派也传自当巴桑结，在他第三次进藏时，将觉域派显密教法传给交·释迦耶希（生卒年不详）和雅隆·玛热色波（生卒年不详）。

觉域派的名字，藏文有两种写法，一为觉域，二为决域。前一个觉域的"觉"，字义为"断"，即是说他们这种教法（主要指空性见、慈悲心和菩提心）能断除人生的苦恼和生死的根源；"域"是指"境"的意思，所谓"境"是心理活动的对象的意思；该派佛教徒认为一切烦恼（他认为烦恼是起惑造业流转生死的根源）是产生于对于我们认识对象的误解和由此而起的爱憎，因而他们认为用所谓真正的智慧和一切人的慈悲心可以断除这些烦恼，也就是说他们的显密教法是有断除人们由于不能正确认识所面对的对象（所谓"境"）而生起的种种烦恼的功用，所以这个"法门"名叫"觉域"。后一个决域的"决"，字义为"行"，所谓"行"，是指能认识的精神方面对它所认识的对象的认识、判断等活动（佛教把心理活动又叫做心行），"决域"旧译为"所行境"，这里也就是说他们的所谓般若空性见和慈悲心等，对所认识的境界有把错误的认识转化成为正确的认识的功能，所以称"决域"。

玛热色波的后辈门徒多为男子，故该系称为"颇觉"（意为男传觉域法）；交·释迦耶希传授给他侄子交·索南喇嘛（生卒年不详），索南喇嘛又传给女弟子劳准玛（藏传佛教史上一位有名人物），劳准玛的后辈门徒多为女性，故该系称为"摩觉"（意为女传觉域法）。此外，还有喀饶巴（生卒年不详）一系的传承。觉域派直到公元15世纪还有传人，而以后就销声匿迹了。

❋ 西藏保存至今的珍贵古代佛经

◎ 佛教小百科 ◎ 密宗

觉囊派及其密法是什么？

觉囊派教法渊源于域莫·弥觉多吉（12世纪初时人）。他曾向许多人学习过时轮金刚和密集等密法，后来创立「他空」的见解，成为该派独特的见解。

弥觉多吉的五传弟子衮邦突结尊追（1243～1333）在拉孜东北建立了觉莫囊寺，该派因此而得名。突结尊追的著名弟子是凯尊云丹嘉错（1206～1327），他曾学习过卓译师传授的时轮金刚密法。他的弟子是笃补巴（1290～1361）。到笃补巴时觉囊派才兴盛起来，他曾学习过萨迦派教法，因此，有人说觉囊派是公元14世纪初从萨迦派分生出来的。

笃补巴原名希饶坚赞，笃补巴是他的出生地，故名笃补巴。他早年在萨迦寺讲经，所讲内容涉及噶当派的《入菩提作论》。因萨迦派禁止讲其他教派的书，所以他的举动得罪了萨迦寺的上层喇嘛，于是他只得离开萨迦寺，到前后藏各大寺云游。他31岁时到了觉囊寺，向凯尊云丹嘉错学习"时论金刚"等密法，35岁时继任觉囊寺座主。他著作很多，除论述"他空见"之外，还有许多密宗、历算等方面的著作。其弟子甚众，常随其后的就有两千多人。觉囊派在笃补巴时很是兴盛，但在他之后的一段时间没有什么表现，无著名僧人出现。

到公元16世纪后期至17世纪初期，该派出了一个著名人物多罗那它（1575～1634）。约在公元16世纪晚期，觉囊派改为活佛转世相承，据藏文史料记载，该派僧人衮噶卓乔死后的转世就是多罗那它。多罗那它原名衮噶宁波，卫藏交界处的喀热琼尊地方是他的家乡，相传他是嘉译师的后裔，幼年在觉囊寺学经，30岁受比丘戒。他著有一部《印度佛教史》（1608年成书），颇有影响。

觉囊派原受拉堆绛地方势力支持，到16世纪后期拉堆绛地方势力衰落后，该派又得到第悉藏巴的支持。第悉藏巴·彭错南杰在1612年以武力统治后藏，到1618年又以武力控制了前藏。他和其子弟悉藏巴·丹琼旺布都是支持觉囊派的。

由于他们的支持，再加上多罗那它的声望，觉囊派在这期间又出现了一个比较兴旺的局面。

公元1614年，多罗那它在觉囊寺不远处创建了一座达丹彭错林寺（rtag brtan phun tshogs gling）。不久，外蒙古喀尔喀部统治者派人来西藏迎请高僧去外蒙传教（当时外蒙已有属萨迦派的寺院），第悉藏巴为了扩展自己的势力，请多罗那它去外蒙古传教。多罗那它去后，在库伦（今乌兰巴托）一带活动了20年时间，颇得喀尔喀部汗王的信奉和支持，尊称他为哲布尊丹巴，他在外蒙古建了许多寺院。1634年多罗那它去世。恰在1635年喀尔喀部土谢图汗的王妃生一子，一些蒙古汗王就把这个孩子认为多罗那它转世，成为哲布尊丹巴一世。1649年哲布尊丹巴一世进藏学经。

❀ **西藏夏鲁寺的佛本生故事**

夏鲁寺建于元代，寺内绘有大量早期壁画，从壁画的色泽上可以看出其年代的久远。

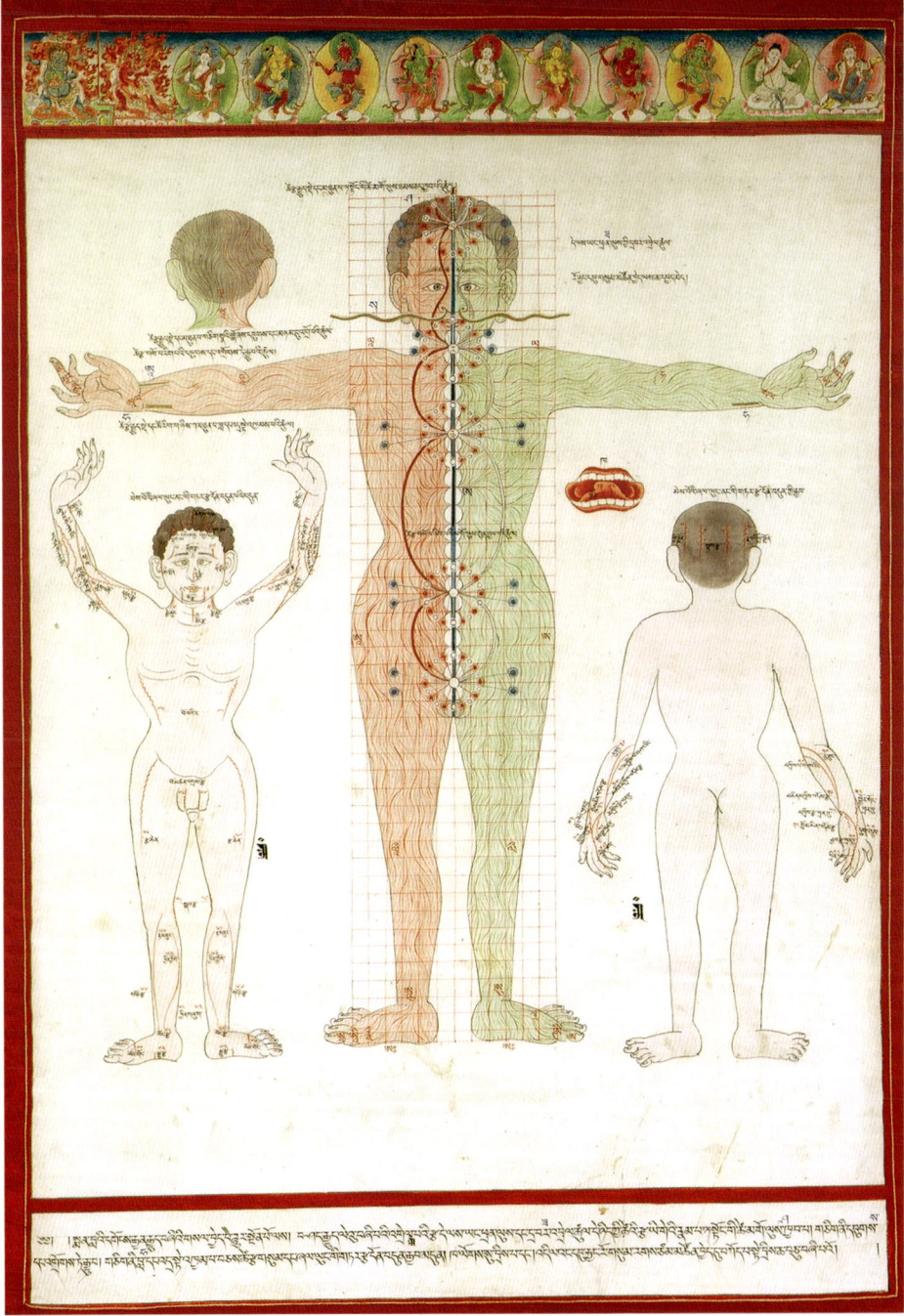

✿《四部医经》挂图

《四部医经》挂图。它是藏医学最重要的经典著作,全名为《甘露要义八支秘密诀窍续》。

当他学业完成准备返回外蒙时，敌视觉囊派的五世达赖已经掌握藏宗教大权，便勒令哲布尊丹巴一世改信黄教，否则不承认他的活佛身份和外蒙的宗教地位。

迫于五世达赖的权势，哲布尊丹巴一世只好从命。于是五世达赖给他加以"哲布尊丹巴呼图克图"的尊号，从此外蒙古地区普遍改信了黄教。与此同时，五世达赖还在西藏把觉囊派的经书和经版全部没收，加以封存，还把达丹彭错林寺改名为噶丹彭错林并成为格鲁派寺庙。在此情况下，觉囊派很难流传下去。因此，到公元17世纪后半期，该派已不复存在了。

觉囊派提倡佛教观点是"他空见"。这种见解和所有西藏佛教其他教派的见解都不同。它认为事物有它的真实体性，这种真实体性本身不能说它是性空；由于人的"虚妄分别"增加上去的东西，才能说是性空；因此，所谓性空，只能指由"虚妄分别"增加上去的东西是空的，而事物本真、自身不能说是空的事物；"本真"是事物之"自"，加在事物上的"虚妄分别"是"他"，因此说"性空"，只能是"他空"，不能是"自空"。这种见解和其他派别不同。其他派别遵循龙树的中论义，说一切事物并无常存不变的实体。它本身就是虚妄的，所以才说性空。性空是说事物自体本性是"空"，对他空义来说，这也叫做"自空"。他空义说事物有它的实体，特别是引申到一切众生皆有佛性，在众生位的佛性和佛的佛性，无二无别。这些说法是和西藏佛教其他各派，特别是和黄教（格鲁派）的观点相对立的，但是和印度教的湿婆派的说法很有共同点。因此其他派别的喇嘛们都驳斥"他空义"的见解，而认为觉囊派的见解不是佛教。

❀ 清代铜鎏金大黑天像

密宗

71

郭扎派由谁创立，该派情况如何？

西藏佛教郭扎派的创始人是郭扎巴·索南坚赞（1182~1261），他与萨班是同时代人。该派是藏传佛教历史上的一小支派，现已不复存在。

由郭扎巴·索南坚赞（1182~1261）创始，他曾向进藏的班钦·释迦师利跋陀罗学法，后又普习各教派的显密教法，年29受比丘戒，后去冈底斯山修法5年，在江孜年楚河上游建郭扎寺。又向尼泊尔请来毗普底旃陀罗，在定日相互学习。

郭扎巴·索南坚赞是当时著名的高僧，门徒很多，但他的门徒们并没有把他的学说发扬光大。他的教法在其他教派中都有一些，但哪一派也包括不了他的学说。因此有的人把郭扎派算作一个单独的教派，有的人则不把它当做一个独立教派，后来该派就不存在了。

桑耶寺乌孜殿的经架及藏经

夏鲁派由谁创立，该派情况如何？

夏鲁派的创始人是西藏佛教界著名人士布顿·仁钦朱（1290～1364），因此该派又被称作布顿派。

布顿大师佛学知识广博，著有不少佛教学和历史的书，他的全集有26函，共200多种书。他是藏文大藏经《丹珠尔》的目录的编纂人，后来《丹珠尔》的几种版本，基本上都是根据他编订的次序刻印的。他在1322年还写了一部佛教史，即《布顿佛教史》或译为《善逝教法源流》、《佛教史大宝藏论》。该书前半部分是讲佛教在印度、尼泊尔传播的历史，后半部分是记述佛教在藏族地区的发展情况，最后一部分是《甘珠尔》、《丹珠尔》的总目录。该书是研究西藏佛教史的重要参考书之一。

布顿·仁钦朱早期学习绰浦噶举、噶当、萨迦等派教法。他在成名以后，受到日喀则东南的夏鲁地方封建领主的支持，把他请到夏鲁寺去做寺主，这样，就扩大了夏鲁寺的名声。人们便把布顿传下来的教法称为夏鲁派。由于夏鲁寺原与萨迦派关系密切，所以有人又把夏鲁派算为萨迦派的一个支派。布顿有许多弟子，其中有几个还曾当过宗喀巴的老师。他在西藏佛教学术史上有很高的地位。

❀ **夏鲁寺远眺**
　　夏鲁寺始建于宋代，夏鲁在藏语意为"新生嫩叶"。

◎ 佛教小百科 ◎
密宗

格鲁派的显密教法是什么？

格鲁派又称新噶当派，是公元15世纪初西藏宗教大师宗喀巴在噶当派教义的基础上对西藏佛教进行整顿、改革后创立的。

以格鲁派又被称作黄帽派或黄教。

格鲁派创始人宗喀巴（1357～1419），生于青海湟中地方，由于藏语称该地"宗喀"，故称他为宗喀巴。他的原名叫洛桑扎巴。3岁受近事戒，8岁受沙弥戒，拜当地著名活佛郭朱仁钦（1306～?）为师，以学显密教法10年之久，16岁赴藏，29岁受比丘戒。之后，广拜名师，博学多闻，对于性相显密诸部经典均能如实通达。不仅精通显密教法和内明、因明，而且对声明、医明等也颇有研究。在此期间，宗喀巴住寺学经最久，对他影响最大的是萨迦派的著名僧人仁达瓦·宣奴罗追（佛学观点上属应成中观派）。以后，遂开始著述。他在吸取了噶当派教义精神的基础上，加上自己对显密教义的独特见解，形成了自己的思想体系，并写出了阐明自己独特见解的重要著作。宗喀巴的著作有100余种，其中最著名的有《菩提道次第广论》和《密宗道次第广论》，另外还有《密宗十四根本戒

格鲁派要求僧众严持戒律，学经要遵循次第，崇尚苦行，禁止娶妻等。又据土观《宗教源流》记载，西藏佛教"后弘期"时期，卢梅临赴藏时，拉钦贡巴绕塞曾把自己所戴的黄帽赠给他，说"汝戴此帽，可忆念我"。于是，后来持律的大师们均戴黄帽。当宗喀巴出世弘化时，西藏佛教各教派戒律松弛，逐渐失去民心，就依古代持律大德的密意，也用黄帽作为重振戒律的象征，所

❋ 清代鎏金五世达赖像

班禅四世灵塔

扎什伦布寺有4座佛殿引人注目。从左到右依次是：强巴佛殿、十世班禅灵塔殿、四世班禅灵塔殿、五世到九世班禅合葬灵塔殿。

释》、《事师五十颂释》、《中论广释》、《辨了不了义论》、《五次第明灯》等。公元1409年（藏历土牛年），他在阐化王帕主地方政权掌权人扎巴坚赞和内乌宗宗本南喀桑布的大力支持下，在拉萨大昭寺举行了规模宏大的大祈愿法会，从各地来拉萨参加法会的僧人有一万多人。这是一次不分教派、不分地区的西藏佛教徒的大集会，声势之大前所未有。以后每年藏历元月在拉萨举行的传召法会，便是从这时候开始的。同年，宗喀巴在拉萨东面的达孜县境内建立了甘丹寺，全名为甘丹南结林（具喜胜洲寺）。此后，宗喀巴师徒就住在该寺。传召大会的创建和甘丹寺的建成，标志着格鲁派在西藏佛教各教派势力集团中取得了统治地位。1419年（藏历土猪年十月二十五日），宗喀巴圆寂于甘丹寺，其弟子及信徒们将遗体建灵塔供养在该寺。

宗喀巴死后，继承甘丹寺法位者为贾曹杰·达玛仁钦（rgyal tshab rje dar ma rin chen，贾曹杰盛宝，1364～1432）。以后，弟子相传，计有90余人。著名弟子绛央却杰（vjam dbyangs chos rje，妙音法王，1379～1449）于1416年（藏历火猴年）在拉萨西郊建哲蚌寺，另一著名弟子大慈法王释迦也失（1352～1435）于1419年（藏历土猪年）在拉萨北郊建色拉寺，相传为宗喀巴的侄子或外甥的根敦主（1391～1474）又于公元1447年（藏历火兔年）在后藏日喀则建成扎什伦布寺，加上甘丹寺，称为格鲁派的四大寺。另外，他的弟子喜饶僧格（慧狮子）创建下密院，贡噶顿珠（庆喜义成）建立上密院。上、下密院又是格鲁派专门弘扬密宗的最重要的寺院。

宗喀巴所创立的格鲁派，势力逐渐扩大，并渐次由西藏传到四川、青海、甘肃、蒙古等地，作为西藏的正统教派，一直延续至今。

❋ 哲蚌寺辩经场面

哲蚌寺辩经场面，该僧正伸臂发言，态度自信温和。

格鲁派戒律严格，不准僧人结婚，宗教首领采取活佛转世相承的办法，于是形成达赖、班禅两大活佛系统。

格鲁派的教义，认为释迦如来的一代正法不外教、证两种，而一切"教"的正法，又摄在经、律、论三藏之中；一切"证"的正法，摄在戒、定、慧三学之中。因此，提倡三藏不可偏废，必须全修才能领会其义。当时西藏一些佛教徒很不注意全修，甚至讥诮三藏多闻者为分别师或戏论者，以为学一门简略的法门，便能得到解脱。格鲁派极力主张对经藏多闻深思，在大小乘的三学上认真修习；对于律藏也努力闻思，以成办戒定二学；对于论藏的闻思修习也不放松，在如实通达诸法性相后，成办慧学。并认为正法是否清净，在于能否实践见、修、行三种离垢而定；能否实践见、修、行三种离垢，又依他们本身是否能够随顺解脱为尺度。

宗喀巴对于在西藏佛教中流行的各种异说，也在他的主要著作中给予一一批判，提出了一整套佛教理论、修行及超脱法。格鲁派兼具西藏各教派教义之长，另还具备五明（声明、因明、医方明、工巧明、内明）以及文法、历算、世间艺术等。

❀ **夏鲁寺神变门楼**

夏鲁寺建筑风格藏汉合璧，图中的神变门楼为其代表。

在密宗的数量和灌顶、三昧耶戒、近修，以及曼荼罗的事业、次第等方面，宗喀巴都依据密经和印度大德的释论，阐发入微，使后来修密者有所遵循。宗喀巴对于四部密宗（事部、行部、瑜伽部、无上瑜伽部），一切道次，以历代相承的教授作为依据，加以汇通，认为显密一切经论，都是修行证果的教授。对于玛尔巴郭洛扎瓦等所传集密；惹、卓、雄等所传时轮、萨迦派所传胜乐和喜金刚；玛玑等所传大轮金刚手；惹、觉、当等所传红黑怖畏等四部曼荼罗灌顶；噶举派的法义心要的乐空大手印、那若六法、尼古六法等密宗教法，在格鲁派中无不兼具并包。

格鲁派显密教法的基本思想是"缘起性空"的见地。

"缘起性空"是什么意思？

格鲁派"缘起性空"的见地是其显密宗的基础思想。宗喀巴认为，"缘起性空"乃是佛教教义的"心要"。

宗喀巴曾经写过一部称作《缘起赞》的书，集中论述了"缘起性空"的见解。书中说世上的一切烦恼都是从无明而生，"缘起性空"就是对付烦恼的根源即无明的方法。意思是说，证悟了"缘起性空"的道理，就可以从无明到明（智慧）。

所谓缘起，即"待缘而起"，就是说一切法的产生都是有原因的，"如果不是从缘而生，任何事物都是无有"。性空并不是说什么都没有，而是说一切都没有自性，性空就是"自性空"。假如有一种法是不待缘而生的话，那它就是有自性了。因此说一切法无自性，就是说一切法都是从缘而生的，换句话说，即在最后的和绝对意义上说，一切事物都没有实体可言，没有自性可言，所以是空的，然而在相对意义上说，一切事物又都是因为缘起的关系而存在着，这是不容否认的。但是这种"有"，并不是"实有"，因为世间一切"实有"之物，都不过是暂时地维持着它们的功能、形状，而又无时无刻不在变动着。所以格鲁派遵循的《中观论》认为，在终极和绝对的意义上，一切事物都是空的。所谓空，就是指一切事物必须是等待许多因缘齐备了才算有，凡是这些因缘没有齐备或齐备后又分散了的，事物也就没有了，所以一切事物的本身不能说成是实有。

缘起是佛教的根本教理，缘起

❀ 威德怖畏金刚神像

威德怖畏金刚神像。唐卡大量作品都是有关此内容。

法虽然深奥难懂，不过从因果法则的六条定律，我们可以进一步认识"缘起性空"。

果从因生。缘起的先决条件是"因"，有"因"再加上"缘"，条件具足，才能生"果"。所以，万有诸法之所以存在，必定有其生成的因缘，这就是"果从因生"的理则。

相由缘现。"法不孤起，仗境方生"，这个"境"就是因缘，世间一切现象都是因缘和合所产生的假象，本身并无自性，所以说"缘起性空"；由于无自主性，所以能随着缘生而现，缘灭而散，因此说"相由缘现"。

✿ 扎什伦布寺弥勒殿的强巴佛像

事待理成。宇宙万法的生起，固然是要有因有缘，但是在因缘果报的生起上，还有着普遍的理则，也就是因果的法则。"如是因感如是果"，违背了这个"理"则，便不能成其"事"，所以说"事待理成"。

多从一有。在一般人的观念里，"一"就是只有一个，"多"就是有很多个；但是在佛教看来，一就是多，多就是一，甚至"多从一有"。因此，佛教譬喻布施如播种，"一文施舍万文收"，其道理和"一粒落土百粒收"是一样的，这也正是"多从一有"的理论根据。

有依空立。世间上的人，往往有一个错误的观念，以为空是没有。在佛教里面，空才能有，因为空，才有一切，有是依空而立的，所以《般若心经》云："色即是空，空即是色。"

佛是人成。佛陀悟道之初，曾经宣示说，众生皆有佛性，人人皆可成佛，但因烦恼无明覆盖，因此不能证得；因此有所谓"佛是已觉悟的众生，众生是未觉悟的佛"。这就是"佛是人成"的最佳佐证。

藏传佛教寺庙有哪些特点？

藏传佛教主要受印度佛教和内地佛教的影响，所以藏传佛教文化也主要是藏、汉、印三种艺术流派的汇融。体现在寺庙建筑上，就主要是大多采用内地的宫殿形式而又有所发展。

一般说来，藏传佛教寺庙的规模宏大，气势雄伟，雕梁画栋，精巧异常。拉萨的布达拉宫以及甘丹寺、哲蚌寺、色拉寺和青海的塔尔寺等均为古代建筑中的杰出代表。藏传佛教的佛教造像艺术特别发达，各种雕像和塑像比例匀称，造型生动，极为精美。扎什伦布寺的强巴佛铜像高26米多，造型生动庄严，工艺巧妙精湛，具有极高的艺术水平。

藏传佛教寺庙的格局，一般由"扎仓"（经学院）、"拉康"（佛殿）、灵塔殿（保存活佛遗体的殿堂）、转经廊、活佛公署、喇嘛住宅及喇嘛塔（安放喇嘛遗体）组成。其中，供僧侣念经和供奉佛像的"扎仓"和"拉康"是藏区寺庙的主体，大多位于寺庙的中心；其他建筑，特别是那数以百计、乃至千计的相对较低的喇嘛住宅围绕在扎仓和拉康

❈ **拉萨甘丹寺远眺**

甘丹寺位于拉萨市区以东25千米处，为宗喀巴所建的格鲁派第一座寺庙。

河北承德外八庙的普陀宗乘之庙

河北承德外八庙的普陀宗乘之庙，位于避暑山庄之北，占地面积达22万平方米，俗称"小布达拉宫"。

周围，从而使整座寺院的立体感十分鲜明。这些由扎仓、拉康、灵殿塔等构成的建筑群不像内地寺庙那么讲究格局对称，没有明显的主轴线，而是根据地形较自由地布置寺院各类建筑。另外，藏传佛教的寺庙还特别注重渲染藏传佛教的神秘色彩。一般寺庙内佛殿高而进深浅、大多挂满彩色的幡帐，殿柱上饰以彩色毡毯、壁画，光线幽暗，气氛压抑。在寺庙外观上，则注重色彩对比，寺庙的墙壁刷红色，红墙面上用白色及棕色装饰；经堂和塔则多刷白色，白墙面上用黑色窗框，色彩对比十分突出，往往给观者以强烈的视觉冲击。

布达拉宫是一幢什么样的建筑？

布达拉宫位于西藏拉萨市中心的红山上，宫殿为木石结构，缘山修建，共13层（内部实际9层），东西长约360米，高达117米。高耸的主体建筑位于山顶，宫内有壁画、雕塑、灵塔和贝叶经等。布达拉宫是一大艺术宝库，为现存的佛教建筑奇观。

据记载，公元7世纪，唐文成公主与吐蕃松赞干布联姻，松赞干布为公主营建宫室，即布达拉宫。据传松赞王曾遣人往锡兰请来蛇心旃檀十一面观音像，又往印度和尼泊尔交界处请来诃利旃檀观音像，此像现尚供养于宫中。

在西藏历史上，五世达赖罗桑嘉措，是一个实现黄教寺院集团统驭西藏政教大权的关键人物。公元1645年，五世达赖下令扩建布达拉宫，作为黄教的首脑机关，历时八年，建成白宫部分。清顺治九年（1652），亲赴北京晋见清帝。翌年，清顺治帝册封他为"西天大善自在佛所领天下释教普通瓦赤喇怛喇赖喇嘛"，确认他对蒙藏地区佛教的统领权。五世达赖返藏后，即从哲蚌寺迁居布达拉宫，大兴土木，广事经营，集中全藏人力、物力，修造红宫，到1693年完工。布达拉宫工程历时半个世纪，始具现在的规模。自此，历代达赖均驻扎于宫中，集西藏政教大权于一身，成为一方教主。

白宫是达赖喇嘛生活起居的宫殿，包括寝宫、会客室、餐厅、办

✦ 布达拉宫达赖寝宫诵经处

公室、仓库和经堂。其中，德阳厦北墙绘有文成公主进藏及抵达拉萨受到隆重欢迎的故事，东墙绘有松赞干布入唐请婚及公主进藏图。北佛殿有五世达赖喇嘛坐像和读经室。东佛殿供有格鲁派创始人宗喀巴坐像，绘有金城公主进藏故事。

红宫在布达拉宫中央，供奉历代达赖喇嘛灵塔，其中以五世达赖喇嘛灵塔最大，高14米，用3000多公斤黄金和无数珍珠宝石镶嵌，为稀世珍宝。西佛殿中有五世达赖喇嘛进京朝见顺治帝壁画，是汉藏友好、祖国统一的历史见证。

❀ **布达拉宫皇帝长生牌位**

牌位上方是一幅绘有乾隆皇帝身披袈裟、手持金刚杵的唐卡。

拉萨市区全景

桑耶寺是一座什么样的寺院？

公元 8 世纪后半期，藏王赤松德赞在位时（755～797），是西藏佛教史上佛教战胜藏地原始苯教并在吐蕃得势的重要时期。赤松德赞从印度迎请显教中观派大师寂护（静命）和密教大师莲花生，到吐蕃弘传佛教。他们来到吐蕃后的第一件事，就是兴建西藏佛教史上第一个剃度僧人出家的寺院——桑耶寺。相传桑耶寺由莲花生选定地点，寂护仿照印度飞行寺规划图样，赤松德赞亲自主持奠基修建。工程历时 12 年。

桑耶寺建有四殿，代表四大部洲（东胜身、西牛货、南赡部、北俱卢），还有代表八小洲和日、月的小殿。外有垣墙环绕，象征铁围山。四角建四舍利塔，四门立四碑。藏王三妃，各添建一殿。这种建筑布局（中分须弥峰、十二洲、日月

桑耶寺位于西藏山南扎囊县雅鲁藏布江北岸，临近吐蕃赞普发祥地——冬宫所在地扎玛宫，主殿为金顶三层楼阁，象征须弥山，内部结构自下而上分别具有藏、汉和印度三种建筑风格，故有「三样寺」之称，反映了当时吐蕃三种文化并存、融合的历史事实。

❀ 桑耶寺壁画长廊

桑耶寺位于山南扎囊县境内，是藏传佛教史上第一座佛法僧俱全的寺庙。

桑耶寺莲花生大师降魔壁画

桑耶寺的修建在莲花生大师的主持下进行，寺址由莲花生大师亲自选定。

二轮），是按照佛教对世界结构的想象来规制的，在西藏佛寺建筑中别具一格。

桑耶寺建成后，由寂护、莲花生主持"开光"（寺院落成典礼），君民举行庆祝法会。又迎请印度说一切有部的12位持律僧人，由寂护担任亲教师，剃度7名西藏贵族青年出家，史称"七觉士"。此后，又陆续有官民子弟三百余人出家受戒，学习梵文，翻译佛典。这样，开始了西藏人出家受戒、建立僧伽制度、广译经论、讲学修行的新阶段，初步建立了西藏佛教的规模。

桑耶寺是西藏最早传播密法的寺院。宁玛派兴起后，该寺属宁玛派。后一度属萨迦派掌管。寺内塑像、壁画和唐卡很多。其中有一些有关西藏历史、佛教等内容的壁画，如莲花生、赤松德赞像，松赞干布修建布达拉宫、大昭寺、昌殊寺，七觉士出家，建桑耶寺，汉地和尚与莲花生辩法，以及宁玛、萨迦派祖师像等，都具有很高的史料与艺术价值。

拉萨三大寺是哪三座?

公元14世纪末,宗喀巴(1357~1419)创立藏传佛教格鲁派。公元1409年(明永乐七年),宗喀巴在拉萨大昭寺发起大祈愿法会,被公认为西藏佛教界领袖,格鲁派成为西藏佛教第一大教派。因该派僧人戴黄色僧帽,俗称黄教。黄教创立后先后兴建的甘丹、哲蚌、色拉三寺,被称为拉萨三大寺。

格鲁派创立后,先后在拉萨兴建了甘丹、哲蚌、色拉三寺,这三座寺被称为拉萨三大寺。

拉萨三大寺充分体现了藏传佛寺的特点:远望楼阁重叠成群,而寺内除殿堂、僧舍、佛塔外,还有住宅和街巷,俨如城镇。

甘丹寺是公元1409年(明永乐七年)由宗喀巴创建的黄教第一座寺院,过去规定僧人定额为3300人,寺内有两座扎仓(经学院)和宗喀巴灵塔。哲蚌寺为永乐十四年(1416)由宗喀巴弟子绛央却杰主持兴建,最盛期寺僧定额为7700人,是黄教最大寺院。该寺是历代达赖喇嘛的母寺,在黄教寺院中地位最高。全寺院落层层密布,内部组织极严密,最高一级是错钦,由各级堪布(住持)组成,为寺院的最高管理委员会。中间一级是扎仓,相当于分院,各有大殿、经堂和僧

❁ 大昭寺金顶

大昭寺始建于公元647年(唐贞观二十一年),位于拉萨市中心。大昭寺主殿高4层,鎏金铜瓦顶,辉煌壮观,具有唐代建筑风格,也吸取借鉴了印度和尼泊尔的建筑艺术特色。

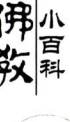

众。最下一级是康村，是按僧人乡籍组成的扎仓的基层组织。色拉寺是公元1418年（明永乐十六年）由宗喀巴弟子绛钦却杰主持兴建，僧人定额为5500人，为黄教第二大寺。宣德九年（1434），色拉寺落成后，绛钦却杰应召赴北京，受到明朝廷隆重接待，封为大慈法王，钦赐金泥书写《大般若经》、白松香木十六尊者像等贵重礼物。该寺在汉藏关系

❀ **色拉寺**

色拉寺坐落在拉萨北郊山下，是藏传佛教格鲁派三大寺之一。史上占有重要地位，曾最早与明朝建立关系，最早传播黄教于内地。现存佛经、壁画、塑像、唐卡等，多为珍贵文物。东殿曾为达赖喇嘛驻锡地和西藏地方嘎厦政府议事处。

❀ 藏传佛教法器银供碗

密宗

甘肃、青海、内蒙古等地的藏传佛教寺院有什么特点？

明清时期，在藏族、蒙古族聚居的甘肃、青海和内蒙古等地区，修建了数量众多的藏传佛教寺庙。这些佛寺既有藏式建筑共同的特点，又因地区和民族的不同而显示其差异。

青海湟中县塔尔寺，是甘肃、青海一带最大的格鲁派寺院。湟中县为宗喀巴出生地，公元1560年（明嘉靖四十九年），为纪念他建一小寺，后又逐步扩建，发展成今日规模。全寺建筑融藏汉两族风格，以纪念宗喀巴的菩提塔和菩提塔殿（大金瓦殿）为中心，组成包括大经堂、弥勒佛殿、小昭殿、

✿ 青海拉卜楞寺弥勒殿供奉的鎏金弥勒佛

此像高7米多，两侧列有高5米多的八大菩萨。

❀ 扎什伦布寺全景

扎什伦布寺位于日喀则市尼色日山南侧，藏语意为"吉祥须弥山"，是西藏佛教格鲁派在后藏地区的最大寺庙，也是格鲁派六大寺庙之一。

依怙殿、遍智文殊殿、护法神殿等的庞大建筑群，8座菩提塔为藏式塔的典型。寺内有大威德金刚、胜乐金刚等藏密双身佛、尊胜佛母、大白伞盖佛母等佛母以及五大护法明王等塑像。寺内还以酥油花、壁画和堆绣艺术品，称为"三绝"。

甘肃夏河县拉卜楞寺，始建于公元1709年（清康熙四十八年），亦为藏汉合璧建筑。全寺包括经堂、佛殿、扎仓等建筑，其他建筑如活佛府第、办公室、印经院和僧舍等，都围绕中心建筑而布置。其中，闻思学院是一座典型的扎仓建筑，由庭院、前廊、经堂和佛殿组成。寺中6座扎仓（经学院），是甘南藏族地区的佛教最高学院。

蒙古族寺院则具有更多的汉族因素，除经堂保持藏式建筑较多特点外，其他建筑都与汉族建筑相近。内蒙古呼和浩特市席力图召，就是这类建筑中典型的代表。主体建筑仿汉地佛寺的制度，按中轴线排列，仅在中轴线后部布置藏式大经堂。大经堂重建于公元1696年（清康熙三十五年），建于高台上，前有月台，亦为汉族建筑的特点。

西藏佛寺壁画有哪些主要流派？

在历史悠久、遗存丰富的藏传佛教艺术中，具有较高成就的是它的壁画艺术。西藏的绘画，主要有三大流派，即"康赤"、"藏赤"和"卫赤"（赤为写画之意），分别代表山南、后藏和前藏地区的绘画流派。

反映扎什伦布寺周围景观的壁画

反映扎什伦布寺周围景观的壁画，构图布局有中国传统山水画的影子。

西藏山南一带的壁画，色相复杂，画法细致。后藏一带，色泽鲜艳，突出黄色。前藏（拉萨）一带，着色淡雅高贵。此外，还有三种外来的绘画：汉画，似唐宋青绿山水，强调线描，多勾勒、白描与平涂技法。印度画，似阿旃陀石窟壁画，菩萨高鼻细腰，姿态婀娜，色泽浑厚，多工笔。尼泊尔画，人物造型富于舞蹈姿态，用色较单纯，以黑、红为主调。西藏壁画艺术的构图、设色、勾线等方面，是在藏画原有传统的基础上，吸收借鉴祖国内地和印度、尼泊尔的绘画技法，结合本地粗犷多变的高原情貌，创造出富于装饰效果、色泽鲜丽的藏族绘画风格，在人物刻画、置物配置、色彩像类和技法驾驭上，都达到了相当高的水平。

此外，在西藏佛教发展史上，先后出现过宁玛、噶当、萨迦、噶举以及后来兴起的格鲁（黄教）等不同时期的宗派。各宗派、各地区的壁画艺术也不尽相同。例如，萨

迦派俗称"花教",因其寺院围墙多涂红、白、蓝三色条纹,这三种色彩成为该派绘画特点。现存的萨迦南寺、夏鲁寺等处壁画艺术,就具有萨迦艺术风格。元代,忽必烈帝师八思巴曾请尼泊尔工匠阿尼哥来西藏建塔造像,其造像被称作"梵像"。萨迦派壁画所具有的后期印度密教作风,很可能与阿尼哥有关。又如,在阿里地区建立的古格王朝佛寺壁画,因古格王国僧人到迦湿弥罗(今克什米尔)学法,迎请孟加拉僧人阿底峡到古格传教,就不可避免地受到这些地区佛教艺术的影响。至于布达拉宫、札什伦布寺和拉萨三大寺的壁画,多为黄教兴起后绘制,具有画风严谨、技法规范和注重描述历史传统题材等特点,又以描绘藏密题材而引人注目。

❁ 扎什伦布寺壁画

扎什伦布寺壁画,该图结构复杂,笔法细腻,为西藏壁画的上乘之作。

什么是「六字真言」？

这「六字真言」即观音六字大明神咒。以音节组成，即嗡嘛呢叭咪吽，读音是「om ma ni pad mi hun」。

六个音节分别代表五部心义，嗡字代表佛部心、嘛呢代表宝部心、叭咪代表莲花部心、吽字代表金刚部心，合四部心而成清净不染如莲花之事业，即羯磨部心，因此说此一真言总括五部心义。

藏传佛教徒认为常念此六字真言能证本有之菩提心而悟体净，除烦恼而知相空，断除一切垢染，具足一切功德，能离习欲、坏烦恼、除我执、悟真如、生欢喜、证净果。因此，藏传佛教徒认为它是藏密无上的"真宝言"，常念它可以免入地狱，死后升入"极乐世界"。在西藏到处都可见到六字真言的字

❀ 六字真言石刻

藏人认为勤于念经是修行悟道的最重要条件，所以在很多场合都会碰到口中念念有词的藏人。他们所念的经的种类很多，但念得最多的是六字真言。

藏族手工匠人制作玛尼堆的六字真言石刻。

迹，山岩上铭刻着六字真言，路旁的摩尼堆的石头上刻的也是六字真言；屋顶上的摩尼旗上写的是六字真言，门道内两排摩尼轮上刻的也是六字真言；小到信徒们手拿的转经筒上刻的是六字真言，大到一间房子大小的转经轮上刻的也是六字真言。总之，信徒们认为念诵六字真言的遍数越多，来世就能得到更好的结果。西藏佛教未出家的一般信徒成年累月的主要宗教活动就是供佛和念诵六字真言。

宋代泥佛

密宗

藏传佛教的主要典籍是哪些？

西藏佛教典籍种类繁多，其中属于密经部者均汇集于《藏文大藏经》，其中属于密经部者均汇集于《甘珠尔》部的第七类中，名为"居"（藏语音译，译作续部，"秘密部"或密宗），其中又分新译和旧译两大类。

❀ 拉卜楞寺藏经楼

拉卜楞寺藏经楼不仅藏有经书，同时还收藏了藏民族数千年来的各类图书约6万余册。

《丹珠尔》中的"居"类的新译分作密（《建立三昧耶咒经》等）、修密（《大日经》等）、瑜伽密（方便瑜伽《摄真实咒经》等和智慧瑜伽《最胜吉祥大乘证悟咒经》等）、无上瑜伽密（无二瑜伽《真实名经》、《时轮经》等，智慧瑜伽母《佛等行经》、《喜金刚经》等和方便瑜伽父《密集咒经》等）；旧译为《诸作王咒经》和《金刚庄严王咒经》等。

"居"类中的著作主要是论述和释密宗经典仪轨（密宗念诵修习法）分为密宗四都、四部通释、显密共典、初学杂类、增订五部分，每部分均有相应的密法仪轨的典籍。此外，西藏佛教尚有一部密法总集，名为《大乘要道密集》（较晚编成）。《密集》卷数说法不一，但就其内容和目录看，大体可分三大类：第一类为解释萨迦派密法"道果"语录之作，共七部；第二类为密咒曼荼罗仪轨及祷祝等，汇集在《咒轨杂集》之中；第三类为噶举派密法"大手印"，要目分三部。该书还包括各种密法修空的要门。

《甘珠尔》、《丹珠尔》和《大乘要道密集》基本上包括了藏密经论和修行仪轨的全部内容。除外，宗喀巴又著有《密宗道次第广论》、《密宗十四根本戒释》等。其弟子克主杰·格雷贝桑也著有《密宗道次第论》（原名为《续部总建立广释》）。

藏传佛教密宗的义理是什么？

关于密宗义理，西藏佛教各派密法各有侧重，宁玛派以大圆满法为主；噶当派以阿底峡的《灯论》为宗旨，讲「三士道」修法，倡显密圆融；萨迦派以「道果法」为主；格鲁派的密法和噶当派大体相同。手印为主；

另外，各派密法修习者修哪一部密法、本尊，又有自己的抉择，种类繁多。但各派密法大体均属于印度密教金刚乘和时轮教的范围之内。各派密宗教义也以《大毗卢遮那成佛神变加持经》即《大日经》、《金刚顶经》和《时轮金附根本经》为主要依据。

密宗自称受法身佛大日如来深秘密教旨传授，为真实言教。其实，密宗教义的产生、形成均有其社会历史根源。

密宗义理主要者可概括为"三密为用"、"四曼为相"、"五佛五智"、"六大为体"及"因、根、究竟"等。

※ 西藏昌珠寺松赞干布和文成公主像

藏密义理"三密为用"和"四曼为相"是什么意思？

"三密为用"是密宗的修习法，依照本尊"三密"的样板，坚持去净自己的"三业"（身业、口业、意业），则可"佛身圆满"。"四曼"就是四种曼荼罗的形式和念诵真言来进行。

依密宗的说法，密宗行者，通过"三密"（身密、口密、意密）感应，即手结印契（固定的手势和坐法）、口诵本尊真言（咒语）、心观想本尊，就能使自己"三业"清净，也就是要求修行者不仅自身不作恶业，还必须表示本尊福德庄严之相于自身；不仅自己口中不出粗言秽语，还须口诵本尊真言；不仅自己不怀邪恶想，还须观想本尊的本誓念愿。

曼荼罗是梵文音，意为"坛"、"坛场"或"中围"，藏语称"吉廓"。曼荼罗具有圆轮之义、发生之义和聚集之义。圆轮者，圆具众德；

❀ 曼荼罗

曼荼罗是僧人和藏民日常修习秘法时的"心中宇宙图"。

发生者，发生诸佛；聚集者，聚集十方三世诸圣于一处（神林隆净：《密宗要旨》）。在印度，曼荼罗最初是指方坛或圆坛。"坛者积土于上，平治其面，而以牛粪涂其表，使之印巩固。于此坛上以管宗教之神圣行事，尤其为阿阇梨授戒于弟子时，或国王即位时，于此上行之，当为此神圣之行事时，例须迎请十方三世诸圣而为证明者。于是绘画十方三世诸神之圣像，或以其所持之物，表示尊严又或以诸佛诸尊之种子，而表示其尊崇。"（同前引书）后来在此基础上逐渐发展成为多

❀ 曼荼罗

种形式和类别的曼荼罗。曼荼罗可分为四大类：大曼荼罗，也称绘画曼荼罗，指绘佛、菩萨的形象，用青、黄、赤、白、黑五色表示"五大"（地、水、火、风、空），表示聚集之义；三昧曼荼罗，描绘象征佛、菩萨的器仗和印契，如所持宝珠、刀剑、轮及手式等；法曼荼罗，也称种子曼荼罗，以种子表示诸尊，以本尊名称之梵文首字代表本尊；羯磨曼荼罗，即法曼荼罗，以雕塑、铸等立体造像表示诸尊集会，形象更加具体直观。按照密宗典籍的解

※ 救八难观音鎏金铜像

这八位观音分别是除水难观世音、除火难观世音、除象难观世音、除蛇难观世音、除兽难观世音、除盗难观世音、除狱难观世音和除怨报观世音。

释，曼荼罗是大日如来加持三昧（教化众生之意）之相，修法者在"瑜伽（相应）妙行"中礼赞曼荼罗，即可接受如来"神力加持"，"拂除烦恼罪障之云"。由此可见，曼荼罗即是密宗修行者在其精神世界里交通"神灵"的一种形式，实即修行之道场也。

藏密义理"五佛五智"和"六大为体"是什么意思?

"五佛五智"出自金刚乘教义,主要是讲密宗行者要达到"即身成佛"的境界,还必须具有五禅那佛的五种智慧。"六大为体"是密宗对宇宙本源的解释。

密宗行者仅靠念咒,建曼荼罗无法达到"即身成佛"的境界,还必须具有五禅那佛(大日、阿閦、宝生、弥陀、不空成就)的五种智慧(法界体性智、大圆满智、平等性智、妙观察智、成就所智)。如果有了这五种智慧,虽食肉、饮酒、作男女事也能达到"菩提"(觉或智)。但这种"智慧"必须由师父直接传授指导才能得到。所以西藏佛教讲"四皈依",还要皈依喇嘛。所谓"无喇嘛上人,如何得近佛?"就出自此因。"五智"这种概念在金刚乘教义中成了密宗行者成佛的精神要素,并认为具有种种"灵妙"、"神变"之作用。因此,在无上瑜伽密中,以所谓女性之"明妃"来表征"智慧",行所谓"密灌顶"、"慧灌顶"之类的仪式,都是依此义理而衍生的。"密灌顶"和"慧灌顶"是双身修法必经之灌顶仪式。

任何宗教都有一种对宇宙本源的认识和解释。在藏密典籍中,"法界缘起"、"种子相续"等学说,就是讲"六大为体"的本体论的。密宗认为"六大"(地、水、火、风、空、识)是大日如来的法身,是构成世界万物的本体,是构成一切物质现象的根源及生存条件。"六大"为宇宙万有,因而皆具众生心中,而这一点佛与众生体性是相同的。但又认为对宇宙万物的本性的认识,是"诸佛菩萨"之外一切"凡人"(众生)所不能感受和认识到的,"非依如来加持感应之力不能识得"。因此,众生需修"三密",以求清净。

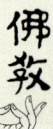

明代香巴拉法王像

红棒二臂大黑天唐卡

密宗

藏密义理"因、根、究竟"如何解释?

"因、根、究竟"实际上是三句话,出自《大日经》住心品。原话是"菩提心为因,大悲为根本,方便为究竟"。

❀ 清代唐卡菩提塔

这三句话的意思是说,欲入密乘道者必须先发"净菩提心"(自性清净心)。《大日经疏》中说:"此心如幢旗、是修行导首,犹如种子是万德本。"既然是"种子",所以也就是"成佛"的"因"。密典中讲,若没有此种"净菩提心"就没有资格修学密法。其次,还必须具有"救度众生"的"大慈悲心",因"大悲心"能够扶助各种"功德",使其滋长,如同树根和枝叶花果的关系。所以说"悲为根本,方便为究竟"则是密宗所独有的。这句话可以说给密宗行者开了一切方便之门。

"究竟"可当"彻底"、"极尽"讲。"方便"与"善巧"同义。因此,这句话可以理解为了达到"成佛"的目的,怎么有利就怎么做。杀、盗、淫等本来是大小乘佛教的根本戒律,但在密宗中以所谓"有余方便"(可以理解为"在特殊情况下")为借口可以不接受这些戒律的束缚。菩萨应持不杀戒,但在特殊情况下"为解脱彼恶业报故",使被杀者早日结束前世所作"恶业"的"报应"可以杀死他;菩萨持不偷盗戒,但在特殊情况下,若咒"众生性各积聚"财物,"不修施福"(不给寺庙僧人放布施而修福),可以去偷取甚至去抢劫其财物,"帮助"他放布施;菩萨应持不邪淫戒,但在特殊的情况下,为了度己、度人,可以利用女性去修法道场,这是为了"摄护众生"(参见《大日经》卷六,《受方便学处品》第十八,《大正藏》卷十八,第39页)。

❀ 塔尔寺狮子吼像

"乐空双运"是什么意思？

"乐空双运"即双身修法的教义。"乐空双运"是密宗无上瑜伽密的特别修习法。它的理论根据也是《大日经》和《金刚顶经》。

佛教显宗本以淫欲为障道法，严格加以禁止，讲"净"，排斥"染"，而密宗最上乘无上瑜伽密则以此为修道法，给"染"以调伏的观念。密宗讲："奇哉自性净，随染欲自然，离欲清净故，以染而调伏（《金刚顶经》）。"这句话在金刚乘密教中很重要，它给性力以神秘色彩"调伏"的概念，使其成为达到"自性净"的一种手段。如佛教有"欲钩"之语，意即菩萨以爱欲牵人遂济度之。经云："先以欲钩牵，后令入佛智（《维摩经》）。"所以，密宗无上乘是"以欲制欲"的修道法。因此，女性在密宗金刚乘中是作为供养物而出现的。在密典中说到大日如来人各种供养三昧时说什么"均有大天女从自心出"（《金刚顶瑜伽中略出念诵经》卷二）。《大藏经》中所谓"爱供养"也就是"奉献女性"之意，《大日经》直言不讳地宣称："随诸众生种种性欲，令得欢喜。"所谓以淫欲为除障修道之法，实际上是密宗行者思维中的"欲界天人生活"的秘密化。密宗的大日如来既现天人相（在家相），因此受大日如来之教令现愤怒身以降伏"恶魔"的诸尊明王也就依理而现在家相。天人天后、天女陪伴，明王也就相应由明妃（佛母、空行母）陪伴。据密宗解释，"明是大慧光明义"，"妃是三昧义，所谓大悲藏三昧也"（《大日经疏》卷九）。从而也就构成了密宗无上乘的一套理论和修习法。密宗讲"以方便（悲）为父，以般若（慧）为母"，并以明王、明妃拥抱相交作为"悲智和合"的表征。密宗行者依所谓欲界天人欲事而行，照"欲天五淫"之样板如法炮制出密宗双身修法之四部（事部、行部、瑜伽部、无上瑜伽部）。密宗各部部主均有称作"部母"、"明妃"的"女尊"为配偶。如"佛部无能胜菩萨以为明妃，莲花部多罗菩萨以为明妃，金刚部金刚孙那利菩萨以为明妃"（《陀罗尼门诸部要目》）。密宗行者遂以金刚上师为父，

以上师修法之女性伴偶为佛母,而以"男女双身大乐"为修法成道"获得悉地"之手段。因此,这种双身修法又被称作"女道"。随着双身修法的出现,再加这种修法又是由师徒秘密单传,不能公开宣讲,因此,又创造出一系列象征性的秘密术语,在此就不一一叙述了。

任何一种宗教现象都有它产生的思想根源和社会根源。密宗金刚乘源自印度,它的双身修法和"大乐"思想,来自印度教的性力派。性力派是印度教湿婆派的分支。该派认为破坏与温和都是女神的属性。宇宙万物均由女神性力而生。因此,把性欲的放荡视为对女神的大敬,以性行为为侍奉、崇拜女神的仪式之一。这种宗教原本被佛教视为邪门外道,但后期密宗则吸收了这些内容,再配以佛教义理而形成无上瑜伽密的所谓"乐空双运"的双身修法。性力派女神崇拜的经典称作"怛特罗",该派认为是湿婆和其妻的"对话"(形成于公元7世纪),所以密宗经典也以"怛特罗"为名。

❁ 山南昌珠寺珍珠唐卡

藏密为什么有愤怒、恐怖的神？

密宗除宣扬"爱神"外，还宣扬"忿怒金刚"、"怖畏金刚"。这种概念同前此讲到的"五佛五智"有关。密宗中"忿怒"、"怖畏"的神由此而来。

为文殊师利菩萨。密宗宣扬它的作用是降伏焰魔，其形象十分恐怖。按其义理讲是为"教令法界"，"以智慧力摧破烦恼业障"，使众生从"无明"中解脱出来，因此，泛称"忿怒明王"。

"忿怒"、"怖畏"又有降伏恶魔之义。佛教把它们认为是影响修道的精神和物质的诸种因素都视为"魔"，在小乘和大乘显宗中多采取

❀ 清代降阎魔尊像

"五佛"各有两种"变化身"，一为"正法轮身"，现"真实身"，一为"教令轮身"，现"忿怒身"，来示"由起大悲现威猛"之意。"五佛"之忿怒尊名为"不动尊毗卢遮那忿怒"、"降三世尊阿閦佛忿怒"、"军荼利宝生佛忿怒"、"六足尊无量寿佛忿怒"、"金刚药叉不空成就佛忿怒"。如格鲁派主修的"大威德怖畏金刚"就是无量寿佛忿怒尊（又名降焰魔尊、阎曼德迦忿怒王等）。密宗讲该尊是阿弥陀佛的教令轮身，其正法轮身（自性轮身）

106

种种办法加以限止、抵制,或以自身的力量加以克制,而在密宗中则采取借助所谓神佛的"威猛力"加以"摧破"、"降伏"。"忿怒"、"怖畏"的概念正是起这种作用。因此,密宗解释"大威德怖畏金刚"是

🏵 马头金刚护法唐卡

马头金刚是观音千千万万化身中之一种化相,是帮助修行者降魔除障的忿怒形相。

"有伏恶之势谓之大威,有护善之功谓之大德"(《大威德怖畏金刚仪轨》)。与此相应密宗中也出现了"降伏法"、"降伏坐"、"降伏印"(手印)等一系列具有"降伏"概念的修法、仪轨、术语和印相等。这种概念同样也是双身修法的理论基础。大乘显宗讲"欲火入心,犹如鬼著",密宗则把"欲"作为桥梁、手段,认为:"斯乃非欲之欲,以欲止欲。如以屑出屑,将声止声"(《金光明文句二》)。可见其以欲行"降伏"性欲之概念。这种概念推衍到与它认为的"外道"(其他宗教)的斗争中,又具有"镇伏教敌"的意思。若推衍到世俗社会,特别是在政教合一的情况下,这种"忿怒、怖畏、摧破、降伏"的概念,必然起到维护政教二法,震摄民众的社会作用。

什么是欢喜佛？

欢喜佛是藏传佛教密宗供奉的一种佛像，原为印度古代传说中的神，即欢喜王，后来形成欢喜佛。欢喜佛梵名为「俄那钵底」（意为「欢喜」），汉语意为「无碍」。

关于欢喜佛的来历，经典上也有记述，形成一种传说。《四部毗那夜迦法》中说："观世音菩萨大悲熏心，以慈善根力化为毗那夜迦身，往欢喜王所，于时彼王见此妇女，欲心炽盛，欲触彼那夜迦女，而抱其身，于是，障女形不肯受之，彼那王即忧作敬，于是彼女言：'我虽似障女，自昔以来，能忧佛教，得袈裟，汝若实欲触我身者，可随我教，即如我至尽未来世，能为护法不？可从我护诸行人，莫作障碍不？又依我已后莫作毒心不耶？汝受如如敬者，为我亲友。时毗那夜（即欢喜王）言：'我依缘今值汝等，从今已后，随汝等语，守护法。于是毗那夜迦女含笑，而相抱时彼作欢喜言，善哉，善哉，我等今者依汝敕语，至于未来护持佛法，不作障碍而已。乃可知女，观自在菩萨也。是则如经所说，应以妇女身得度者，即现妇女身而为说法"。这就是佛教密宗对欢喜佛来历的附会之说。

欢喜佛有两类：一是单体的，一是双体的。西藏黄教特别尊崇的大威德金刚就是单体的。胜乐金刚就是双体的，密宗称双尊像。呈拥抱交媾状。所得欢喜佛"欢喜"二字并非指男女淫乐而言，而是指佛用大无畏大愤怒的气概、凶猛的力量和摧破的手段，战胜"魔障"而从内心发出的喜悦的意思。

清代铜鎏金喜金刚像

欢喜佛

佛教小百科

密宗

109

藏传佛教的神主要有哪些，其特点如何？

藏密的神主要有大日如来、金刚持、大威德怖畏金刚、胜乐金刚、密集金刚、时轮金刚、欢喜金刚、马头金刚、大黑天、吉祥天母、金刚亥母、墓葬主等。

藏密的神主要有：（1）大日如来。它是藏密崇奉的最高最主要的本尊，梵名谓之摩诃毗卢遮那。"摩诃"意为大，"毗卢遮那"为日之别名，故译为大日。又毗卢遮那为光明遍照之义，故又称遍照如来。藏密视大日如来为理智不二的法身佛，是尊奉的主要对象。其像在密宗殿居最中央位置。其形象类似于释迦牟尼的坐像。

（2）金刚持。梵文为 Vajradhara，音译为"伐析罗陀罗"，"伐析罗"即金刚杵，"陀罗"是持、执义，故亦译为"持金刚"、"执金刚"，密宗菩萨名。《元史》据藏文音译为"朵儿只唱"。身呈青金色，右手持金刚杵，左手执金刚铃，表示金刚部菩萨摧毁魔敌之坚毅智力；金刚杵也表示如来金刚智印。藏密谓释迦牟尼讲说密法时所现身相，故为密宗的秘密主。

（3）大威德怖畏金刚。藏传佛教密宗菩萨名。密宗教法讲："有伏恶之势，谓之大威；有护善之功，谓之大德。"大威德怖畏金刚即藏密五大明王或金刚中之大威德明王。形象为三面六臂六足，乘大白牛。梵名作阎曼德迦，别称降阎魔尊、六足尊、六臂金刚等。藏密认为此尊系无量寿佛的忿怒身，以其可怖可畏的相貌去教令法界降伏妖魔。文殊菩萨化身之威德怖畏金刚，为藏密无上瑜伽宝生部三本尊。其像为九头，正面为牛头，三十四臂、十六足、裸体、拥抱明妃罗浪杂娃，身色蓝或黄，头上有炽热火

金刚萨埵像

焰,头顶无量寿佛,足踏卧鹿等,手执盛血之头盖骨碗(藏语戛巴拉),有的像下踏一牛,牛下卧一男人体。为西藏佛教格鲁派密宗所修本尊之一,被视为该派护法神。

(4)胜乐金刚。又作上乐金刚,藏名德巧,为藏密本尊之一。拉萨藏密修习机构举麦巴扎仓(下密院)极重视此本尊之法的修习,为修无上瑜伽密之本尊。其像有四面脸,分为白、黄、红、蓝各色,每脸有三目。有十二臂,主臂拥抱明妃金刚亥母,裸体,两腿,右脚踏一伏首趴身的恐怖男者,左脚踏一仰面躺身的女者。藏传佛教噶举派多修此本尊之法。

(5)密集金刚。亦称"集密金刚",藏传佛教密宗本尊之一。藏名为"桑堆"。其像三面,每面有三目,六臂,拥抱的明妃也是六臂,身深蓝,呈坐式。

(6)时轮金刚。藏密本尊之一,藏名"堆柯"。系时轮金刚密法之本尊。藏密认为,时轮金刚

❀ 清 大威德金刚唐卡

藏密认为其是文殊菩萨的忿怒相,属教令轮身,是事业的根本。于无上瑜伽部、格鲁派中,与胜乐金刚、密集金刚同为主要的本尊。

密法源于古印度北方的"香巴拉国"(谓该地如同极乐世界),大约于12世纪传入西藏。时轮金刚密法确认一切众生都在过去、现在、未来"三时"的"迷界"之中。并以时轮表示"三时"。宣扬释迦牟尼之上还有一个"本初佛",此佛为一切事物的根本源泉。还提倡修习此法应控制体内的"有生命的风",以保长寿,并通过所谓"五智"和"禅那"合一相应法,去追求"即身成佛"。其形象有多

❀ 清 金刚手菩萨唐卡

种，均为双尊像，有单头的、五头的、双臂的、多臂的，脚下踏人，表降伏意。

(7) 欢喜金刚。藏名"杰巴多吉"，又称饮血金刚。双尊置莲花座上。明王八面十六臂，主臂拥抱明妃"金刚无我佛母"，其皆手托头器，内盛神物，右手托物为白象、青鹿、青驴、红牛、灰驼、红人、青狮、赤猫。左手托物为黄天地、白水神、红火神、青风神、白日天、青狱帝、黄施财。胯下挂骷髅，足踏二仰卧人，表示明王盛猛。明妃一面二臂，右手执曲刀，左手托头器，头戴五骷髅冠，项挂50骷髅链圈，象征梵文的50个字母。

(8) 马头金刚。又称作马头明王、马头观音、马头观音自在，藏名为"丹真"，为藏密胎藏界观音院之本尊，系六观音之一，畜生道之教主。藏密认为是无量寿佛的忿怒身，以马头为头饰，表示有大忿怒和威猛摧伏之势。如宝马驰骋四方和涉生死海，摧伏一切邪魔，食一切无明重障。其身赤肉色，三面，双身外露，背有威猛光焰。其拥抱之明妃为"多罗菩萨"。

形象有多种，像有多种，有八头的、六头的、有翅膀的。格鲁派只崇拜前两种，后者为宁玛派所崇拜。黄教上、下密院把此尊作为护法神之一。

(9) 大黑天。藏密护法神之一，梵文为"摩诃迦罗"，藏语称为"玛哈噶拉"，为大自在天或滚波朱巴的化身。青色三面六臂，前左右手横执剑，中间左手执人头，右手执羊，后左右手执象皮，张于背后，以骷髅为璎珞，据云：大黑天为战神，礼祀此神，可增威德，举事能胜。西藏民间又视其为施福之神，每于香火，必将饮食供之。藏密说此尊系大日如来为降伏恶魔而显之形象。

(10) 吉祥天母。当我们参观西藏佛教寺庙时，常见到一尊身骑黄骡的极凶丑的神像，她就是吉祥天母。藏语叫"班达拉姆"。她的名字有100个，每个名字都有一个

※ 明铜鎏金金刚持

像。一般是两个像：一是和平像，一是威猛像，两个像合起来叫班达拉姆。威猛像骑黄骡，骡的屁股上有一只眼睛。藏族信徒认为供奉她可以除灾难，使人丁兴旺。藏传佛教信徒相信，每年正月初一日她骑着太阳光周游全世界，这一天太阳光在她肚子里，所以人们在这一天要供奉祭祀她。她的嘴上叼着死尸，来表示经常吃人。她的像前后一般有长着鳄鱼头和狮子头的两个女性，据说是她的两个妹妹。从前，藏族青年男女很尊崇她，认为她能给人以智慧与幸福。她又称为"三界荣耀女王"，系众神之首，众佛之母。她是原西藏地方政府的保护神。

（11）金刚亥母。藏名为"多吉帕姆"，意为金刚母猪。藏传佛教密宗本尊神。头现猪形，女身，为胜乐金刚的明妃，其像为与胜乐金刚相抱之形，其身有的呈红色，有的呈黄色，有八只臂的，诸手执各种法器；有两臂的，手无执物。该尊为藏传佛教噶举派修密法的本尊。

（12）墓葬主。在西藏寺庙的壁画上常见到两具骷髅的像，一手执天杖，一手托头器，头戴五骷髅冠。此为藏密胜乐金刚的护法神。因藏密以两具骷髅表示墓场的主神，而此神居住在天葬场维护佛教，故称"墓葬主"。其背后有熊熊火焰。

❋ **水晶度母像**

在藏传佛教中是观世音菩萨悲泪所化现的女性佛母，而称为"度母"、"救度佛母"。在藏传佛教所有教派当中对于度母都极为崇信。

藏密的修习组织、制度和次第是怎样的？

藏传佛教教派和教系支系众多，但各派在密宗修习方面大同小异。现以格鲁派为例略作说明。藏密的修习组织、制度和次第是保证显密结合的重要措施。

格鲁派提倡显密兼修，先显后密。作为一个学经的僧人进入寺院后，若欲学完显密二宗的全过程，按寺院规定，必须先入显宗扎仓而被编入"度扎"（预备班）内。这样的人被称作"贝恰瓦"，意为读书人。"贝恰瓦"入预备班首先必须有一定的经济力量为自己找一位学经导师，然后在其指导下学习佛学基本知识。预备班的学习期限视学僧程度而定，快慢不一，在此期间寺方对学僧的学业既不督促也不考核，学僧入正班的时间由导师的推荐而定。一旦升入正班，即可按年资逐年升级。正班的级次各寺院不尽相同，哲蚌寺有15级，色拉寺、甘丹寺有13级。升到最高一班时，作为贝恰瓦就到头了。这个最高班级没有年限，但在这个班里必须把作为贝恰瓦应该学完的经典全部补齐，特别是格鲁派必学的五部大论。经导师推荐和本人向寺院当局申请获准后，才有资格参加"格西"学位的考试。按寺院规定，贝恰瓦在正班期间就是修习显宗的阶段。在此期间的主要功课就是学习著名的五部大论，即法称著《量释论》、弥勒著《现观庄严论》、月称著《入中论》、功德光著《戒律本论》和世亲著《俱舍论》。学习和考核的方法主要是背诵和辩论。一个贝恰瓦学完这五部经论约需15到20年的时间。

格西的考试由寺方和各显宗扎仓组织进行，从批准考生和出题、录取、定级、排列名

藏传佛教法会怪兽面具

✿ 上座部佛教僧侣

次等均由堪布全权决定。当然，贝恰瓦经师的地位影响也起相当重要作用。拉萨三大寺的格西分为四等，即拉让巴、磋让巴、林塞和都让巴（色拉寺叫里让巴）。前两等由寺院初试，最后由原西藏地方政府确定；后两等由寺院各显宗扎仓自行确定。

从修习制度上看，考取格西学位的僧人说明他已经完成显宗的学习。具备了进修密宗以求深造的资格。这时他就可以升入三大寺共同的密宗专修机构——上下密院。上密院叫举堆扎仓，下密院叫举麦扎仓。这是格鲁派先后建立的两个平行、独立的密宗扎仓。虽然哲蚌寺和色拉寺各有一个密宗扎仓（阿巴扎仓），也是专修密宗的扎仓，但这种阿巴扎仓同举堆、举麦扎仓有极大的差别。在阿巴扎仓修密的僧人不懂显宗教法或不经过显宗修习也可，因此，他们被称作阿巴扎巴，而不像举堆、举麦扎仓的僧人被称作喇嘛举巴。举堆、举麦扎仓的修密僧人主要是取得格西学位的僧人，称作"左仁巴"。同时来自外地或三大寺的学过显宗，没有格西学位的僧人也可以参加修习密宗，但只能算是附读生，称作"吉仁巴"。举堆、举麦扎仓的修习制度很严格，十分重视苦修、苦行。每天四次上殿，最早一殿从深夜两点开始。每天仅有四小时的睡眠时间。到法园修炼，要席地坐在石头子铺成的座位上，冬夏如此。举堆、举麦扎仓各有五个康村，僧员定额为五百人。举堆、举麦扎仓的密法修习属于高级阶段，其修习的内容是密集、胜乐、大威德三金刚以及其他一些次要的金刚和护法神修法。

举堆、举麦扎仓同样有扎仓、康村两级组织和执事。但扎仓部分的重要执事"格贵"（铁棒喇嘛）的职位必须由拉让巴学员"左仁巴"充任。任期满后按其年资候升喇嘛翁哉。该职任满，再按年资候升堪布，堪布任期三年，退职后称作堪苏。上密院的堪苏才有资格按年资候升夏孜却结（东峰法尊）一职；同样，下密院的堪苏才有资格按其年资候升绛孜却结（北峰法尊）一职。得到这两个职位的人被认为是格鲁派发祥地的两名法尊，具有很高的威望。这两名法尊是甘丹寺的首席甘丹赤巴一职的继承人，任期七年。

甘丹赤巴可以说是一个格鲁派学僧通过由显入密的正规道路，是

藏传佛教的僧侣

中国的内蒙古、青海、西藏等处，皆称僧为喇嘛，意思是上师。上师意为"善知识"。

修到最高成就的唯一途径。但由于种种条件所限，达到这种地位是相当困难的。一旦达到这个地位，也就成了"活佛"，可以转世，甚至有机会和资格作为临时代替达赖喇嘛掌政的人选之一。

藏密的修行以注重仪式为主旨，而密法的经咒、灌顶、坛场、仪轨名类甚多、异常烦琐，此仅概而论之。

一个僧人进入修密阶段，首先必须根据十个条件，即密宗所说的十种功德选择自己的上师（金刚阿阇梨），并由上师考查其是否具有修密的"根器"。而后由上师作一次入密门灌顶仪式，方可入密宗道修行的步骤和次第。学密开始的第一步是所谓"四加行"修法。密宗行者视此为入密门的前导。

密宗行者择修"五部金刚大法"中之任何一种均须由上师再作授法灌顶。因这种灌顶属于无上瑜伽密双身修法之灌顶仪式，故又称"灌顶大法"，具体包括前已述及的密灌顶和慧灌顶。这种灌顶仪式实质为上师对其弟子在双身修法上的言传身教。格鲁派严格规定，未经此二灌顶者绝对不能作"乐空双运"之双身修法。

"五部金刚大法"属于无上瑜伽密，因此，修习其中任何一种金刚本尊法都须按密宗规定，严格遵守无上密的修习次第，修无上瑜伽密从次第上说，大体分为两个阶段，即生起次第（杰仁）和圆满次第（左仁）。"杰"意为生长、升起；"仁"意为次第。生起次第是所谓用观想修本尊形象的阶段。如以时轮金刚为本尊修时轮金刚法，就要在以时轮金刚为本尊的曼荼罗（坛场）前作生起次第施食仪轨等，并依照时轮金刚之形象作观想，即仔细观察其形象，使其非常细致的形象深深印在脑海中。就这样天天修、月月修、年年修，天长日久，由于条件反射，时轮金刚的形象就像幻影一般出现在梦境，密宗行者就如同见到了时轮金刚，就好像见到真人一样，还能给他讲经说法。最后把自己的身、口、意修成本尊的身、口、意，也就与本尊合一了，也即"成佛"了。一个密宗行者必须经过修生起次第，而后才能修圆满次第。"左"意为圆满、完成、终结。圆满次第是密宗最后的、最高的修习次第。圆满次第是通过修气功控制脉息，在进行男女双身修法时，也是气功脉流控制精神在男女相交中入定悟空，谓之"乐空双运"，达到"菩提"（觉），此种境界即是"成佛"。

藏传佛教有哪些专门修习机构?

藏传佛教各派寺院大体上都是显密兼修,除有显宗扎仓外,还有密宗扎仓,但这些寺院都不能算是密宗专门修习机构,只有黄教有两个专门的密宗修习机构——上密院和下密院。

于拉萨市内,总面积为10.6亩,主厅共4层,修屋70余间。

上密院藏语叫"居堆巴扎仓"亦称"桑钦居堆札巴",意为续部经堂神学上院。由杰尊·喜饶僧格的弟子杰·贡噶顿珠创于1474年。因其地在拉萨上部,故取名上密院。上密院和下密院同是专门传习、修行格鲁派密宗的主要寺院。

1711年,蒙古和硕特部拉藏汗统治西藏,视上密院为黄教(格

❀ **大昭寺金顶**
金顶的顶面为铜质镀金长瓦,翘首飞檐,四角飞檐为四只张口的鳌头,屋脊上装饰有宝幢、宝瓶、卧鹿等,屋檐上雕饰有法轮、宝盘、云纹、六字真言、莲珠、花草、法铃、八宝吉祥等图案,屋脊宝瓶之间和屋檐下悬挂铃子,风吹铃响,悦耳动听。

下密院藏语称作"居麦巴扎仓"亦称"桑钦居麦札巴",即续部经堂神学下院之意。系黄教创始人宗喀巴的弟子杰尊·喜饶僧格创建于1433年。该院坐落

鲁派）密宗正宗寺院，并在达隆巴封文的基础上又颁发了把小昭寺和释迦牟尼像及其所属经堂、喇章等永远归属上密院的封文执照。

上、下密院设有不同级别的僧官，具体是堪布（也称洛本）1人，任期3年；喇嘛翁则1人，任期3年；强佑4人，任期4～5年；格贵（铁棒喇嘛）1人，任期1年。以上僧官均由译仓列空呈报达赖喇嘛或摄政任免。

上、下密院主要依宗喀巴的《密宗道次第广论》为根据，其修行的内容主要是集密、胜乐、大威德，以及一些次要的金刚和护法的密法，通过念诵、供养、作法、护摩等种种仪式活动，达到所谓的解脱成佛。上、下密院的修行者着重研习无上瑜伽密的"生起次第"和"圆满次第"。僧人修行生活艰苦，制度严格，类似苦行僧，藏人称他们为"举巴喇嘛"，在社会上享有很高声誉。

❀ 色拉寺经堂午斋

何谓藏密的灌顶？

灌顶是修密僧人在修密宗时必须举行的一种宗教仪式。一个修密僧人从入密门到修习最高密法无上瑜伽密，要按照次第进行多次灌顶。

密宗中视灌顶为最庄严、最神圣的仪式，未受灌顶者不能修习密法和阅读密宗经典，否则不仅得不到成就，死后还要堕入地狱。如宗喀巴在《密宗道次第广论》中说："欲成闻修大密之器，要得清净灌顶，是故灌顶即是成就根本，若无灌顶，纵能了达教义精进修习，终不能得殊胜悉地（成就），非但有不得大悉地之失，纵得诸小悉地师资亦俱堕那洛迦（地狱）。"《大印空点》第二说："若时诸师资，先灌一次顶。尔时即成为，宣说大密器。无灌顶不成，如压沙无油。若无灌顶者，慢心说密教。师弟纵成就，死亦堕地狱。故应勤精进，从师请灌顶。"又如《金刚鬘经》第二说："灌顶

莲花喜金刚铜像

为主要，诸悉地常住。我说如是义，故先应正听。若具慧弟子，先正受灌顶。于满次瑜伽，尔时成法器。若无正灌顶，虽了达教义，行者师弟子，俱堕大苦狱"。宗喀巴在《密宗道次第广论》又指出："又灌顶者，未灌下顶，决定不可授上灌顶"，以防"俱害自他"。

灌顶仪式必须由金刚上师执行。仪式在曼荼罗前举行，事前受灌顶者要沐浴，着庄严衣装，由上

师手持一个内装圣水的宝瓶,向受灌顶者头上洒。再用"尕巴拉"(人头盖骨做成的碗)盛着青稞酒给受灌顶者喝。在此仪式中,受灌顶者还要向金刚上师宣誓:"立誓修密法,永不向外人讲,否则受佛的惩罚"等内容。仪式完成后,在上师的指导下,弟子再根据自己的情况(根器),选择一密宗本尊,再由上师传授如何画本尊和曼荼罗,然后面对佛像开始修行(参见前面讲到的修行次第)。最高级的灌顶仪式是修无上瑜伽密之密灌顶和慧灌顶。

❀ **扎什伦布寺强巴殿内强巴佛两侧的千佛壁**

藏密的传播情况是怎样的？

密教在印度绝迹后，它的完整形态却在中国西藏得到长足发展，形成带有西藏地域特点的藏密。藏密在西藏长期盛行的同时，也逐渐传播到了国内的青海、甘肃、内蒙古、四川、云南等地。

藏密格鲁派在明嘉靖年间还未传入青海。此时，蒙古土默特部俺答汗（在今蒙古人民共和国至内蒙古、宁夏、甘肃连接地带）兼并诸部，用兵土伯特（今青海东北部），收阿木多、喀木康等部落，后以年老厌兵，往迎达赖。明万历年间，三世达赖索南嘉措应俺答汗之请，至青海，宣讲"三生善缘"，传播显密教法，取得蒙古族的信仰。从此，黄教密显二宗在青海开始传播。1578年，索南嘉措在宗喀巴出生的地方修建了一所寺院，后来该寺逐渐扩大规模，形成著名的青海塔尔寺。该寺有显宗扎仓和密宗扎仓，是黄教显密宗在青海的中心寺院。

甘肃省夏河县大夏河畔有一座著名的黄教寺院——拉卜楞寺。该寺于1710年（清康熙四十九年）建成，距今已有270余年的历史。经历代增修、扩建，拉卜楞寺成为众多殿宇、经堂、佛塔和僧舍等组成的一座具有藏族特色的庞大建筑群。寺内有显宗扎仓和密宗扎仓，是在甘肃境内传播黄教显密教法的中心，也是黄教六大寺院（甘丹寺、哲蚌寺、色拉寺、扎什伦布寺、塔尔寺）之一。该寺佛位最高的是嘉木样活佛。在他之下有：四大色赤、八大堪布、十八囊欠、五百活佛、三千喇嘛，统辖108座属寺，为甘、青、川毗邻地（藏语称安多地区）的佛教中心。

"蒙古敬信黄教，实始于俺答"，黄教传入蒙古，是明代蒙古族生活中的重大事件。三世达赖索南嘉措会见俺答汗后，召开法会，为信徒举行了隆重的入教仪式，蒙古受戒者多达千人，仅土默特部就有108人出家为僧。三世达赖和俺答汗互赠称号。三世达赖被俺答汗尊为"圣识一切瓦齐尔达喇达赖喇嘛"，达赖喇嘛的称号就由此而来。索南嘉措赠俺答汗的称号是"转千金法轮咱克喇瓦尔第彻辰汗"。此后黄教寺庙在蒙古族地区纷纷建立，仅归化城一带就修建了著名的大召（弘慈寺)、席力图召(延寿寺)、庆缘寺和美岱召(寿灵寺)等,成为传播显密二宗的重要寺院。1581年(明万历九年)俺答汗去世,索南嘉措再次前往,为俺答汗会葬,他沿途向蒙古各部传播黄教,发展了不少信徒和出家僧人。1586年,喀尔喀的阿巴岱汗建起喀尔喀第一座黄教寺庙额尔德尼昭(光显寺)。此后,黄教显密教法又迅速传播到蒙古其他各部。

四川省的藏族主要分布在甘孜藏族自治州、阿坝藏族自治州和木里藏族自治县,主要信奉藏传佛教。

藏族社会向封建制度转化的过程,也是佛教与藏族原始苯教相结合,形成藏系佛教的过程。藏传佛教受到新兴封建主的扶持而壮大起来。在12世纪,藏传佛教开始形成教派的时候,已由今西藏传入四川省藏族地区,今甘孜藏族自治州白玉县的噶陀寺、德格县的八邦寺,已分别成了宁玛派和噶举派的中心,并开始形成政权与宗教合一的统治制度。15世纪初,黄教形成后,从西藏迅速传入四川藏区。坐落在四川藏区的藏传佛教各派的主要寺庙同西藏一样,也是显密兼修,以密宗为最高修习阶段。1949年前四川藏族普遍信奉藏传佛教。据统计,四川藏区约有喇嘛寺庙近800座,小者数人,大者上千人,共有男性喇嘛和女性觉母10万人,不少地区喇嘛占当地成年男性人口的半数以上,由此可见藏传佛教在四川的传播和影响。

云南省的藏族主要聚居在迪庆藏族自治州,少数散居在丽江、贡山等县。他们过去普遍信奉藏传佛教。大约在西藏佛教形成教派的同时,西藏佛教宁玛派、噶举派发展到云南藏族地区。明末清初,黄教势力进入中甸,拆毁宁玛、噶举13座寺庙,建成黄教大寺。清雍正年间,该寺奉命易名为归化寺,喇嘛增至1226人,由清朝政府发给度牒。至解放初期,迪庆藏族自治州共有喇嘛寺庙24座,其中黄教、红教(宁玛派)各占一半,共有喇嘛4060人,尼姑68人,活佛40人。

❀ 藏传佛教弥勒佛坐像

藏传佛教的封号主要有哪些？

封号性称谓，是由历代中央政府授封的一种僧职称谓，在藏传佛教诸多的僧职称谓中最具声望。封号性称谓始于元朝。

公元1260年，忽必烈即汗位后，封萨迦派第五代祖师八思巴为国师，授予玉印，领总制院事，统领天下释教。1270年，忽必烈又晋封八思巴为帝师，从而促使了西藏政教合一制度的正式形成。自此，西藏政教合一制度对藏族地区的社会产生了深远的影响。

大宝法王，是明朝对藏传佛教噶举派活佛授予的僧职称谓。1406年，噶玛噶举黑帽系第五世活佛德银协巴应明成祖之邀抵达南京，受到明成祖的盛情款待，并受封为"万行具足十方最胜圆觉妙智慧善普应佑国演教如来大宝法王西天善自在佛领天下释教"，简称"大宝法王"。这一封号遂成为噶玛噶举黑帽系活佛的专用尊号，沿袭至今。

大慈法王，是明朝对藏传佛教格鲁派高僧授予的僧职称谓。1413年，宗喀巴的弟子释迦耶希进京应诏，受到明朝政府的隆重接待。1415年，释迦耶希被明成祖封为"妙觉圆通慈普应辅国显教灌顶弘善西天佛子大国师"。1429年，释迦耶希再次应邀进京，并在内地留住造寺传法。1434年，释迦耶希又被明宣宗封为"万行妙明真如上胜清净般若弘照普慧辅国显教至善大慈法王西天正觉如来自在大圆通佛"，简称"大慈法王"。

明代密集金刚像

大乘法王，是明朝对藏传佛教萨迦派高僧授予的僧职称谓。1413年，萨迦派高僧贡噶扎西应明朝廷之邀抵达南京，被明成祖封为"万行圆融妙法最胜真如慧智弘慈广济护国演教正觉大乘法王西天上善金刚普应大光明佛领天下释教"，简称"大乘法王"。

大智法王，是明朝对藏东地区的藏传佛教高僧授予的僧职称谓。明朝永乐初年，朝廷邀请藏族高僧班丹扎西入朝，并让他在内地长期留驻；明宣宗时被授予"净觉慈济大国师"；明代宗时晋封为"大智法王"。

除了以上数位僧职较高的法王外，明朝政府授予的藏传佛教僧职称谓，可谓不胜枚举，诸如赞善王、护教王、阐教王、辅教王以及西天佛子、灌顶国师、灌顶大国师，等等。

清朝时期，清政府继续对藏传佛教高僧，特别对格鲁派高僧授予至高无上的僧职头衔，比如达赖喇嘛、班禅等。

❁ 西藏哲蚌寺雪顿节上的展佛

达赖喇嘛、班禅的名称最早何时出现？

达赖喇嘛和班禅是藏传佛教格鲁派两大活佛转世系统的称号。达赖喇嘛由蒙古语的「达赖」和藏族的「喇嘛」组成，「达赖」在蒙古语中意思是大海，「喇嘛」在藏语中意思是上人或上师。

明代，蒙古势力退出中原，向西发展，占据了中亚的大片地域，中国的新疆、青海地区，也相继建立起蒙古政权。1578年（明万历六年），藏传佛教格鲁派首领索南嘉措去青海、内蒙古一带传教。他是格鲁派创始人宗喀巴的第四世传人，格鲁派活佛转世就是从他这里开始的。宗喀巴的大弟子根敦珠巴是拉萨三大寺之首哲蚌寺的寺主，根敦珠巴圆寂后，根敦嘉措继任，根据宗喀巴的遗愿，格鲁派上层决定根敦嘉措圆寂后转世，于是年仅3岁的索南嘉措被迎请到哲蚌寺，成为格鲁派第一位转世的活佛。格鲁派仿效噶举派的活佛转世制度，从此建立起了达赖喇嘛活佛转世系统。

索南嘉措在蒙古地区传教期间，与蒙古族土默特部首领俺答汗相会于青海湖边。俺答汗率部众信奉藏传佛教，并赠送索南嘉措一个称号："圣识一切瓦齐尔达喇达赖喇嘛"，意为"遍知一切德智如海之金刚上师"，以示敬意。其中，"瓦齐尔达喇"是藏语，是"执金刚"的意思，是对密宗方面有最高成就的人物的尊称。而索南嘉措给

扎什伦布寺的班禅宝座

俺达汗赠送的称号是"法王梵天"。这就是达赖喇嘛名称的由来。后来，索南嘉措自认是三世，而追认他的前两辈根敦珠巴和根敦嘉措分别为一世和二世达赖喇嘛。1652年，清顺治帝封五世达赖阿旺罗桑嘉措为"西天大善自在佛所领天下释教普通瓦赤喇怛喇达赖喇嘛"。这个封号是汉蒙藏三种语言的混合。其中"普通"是"普遍通晓"的意思，也就是三世达赖封号中的"圣识一切"。其后，每代达赖更迭例由清廷册封，遂成定制。五世达赖喇嘛取得了清廷的支持后，逐步清除了一直控制西藏政权的蒙古势力，在三世达赖索南嘉措于拉萨哲蚌寺的居所"甘丹颇章"内，建立起了政教合一的政权。

自三世达赖喇嘛索南嘉措以后，达赖喇嘛这一世系被至今已经转世至第十四世，现今的第十四世达赖喇嘛名丹增嘉措。五世、七世、八世、十三世，掌权较久，精于佛学，兼通文史，著述甚丰，各有全集传世。六世尤擅诗歌，为世称道。

❀ 扎什伦布寺班禅灵塔

班禅这个称号，始于1645年。这一年，蒙古固始汗赠给西藏格鲁派扎什伦布寺寺主罗桑曲结以"班禅博克多"的尊称。"班"是梵文"班智达"（学者）的简称；"禅"是藏语，意为"大"，二字合起来意为"大师"。1713年，清朝康熙皇帝册封班禅时的正式封号是"班禅额尔德尼"，"额尔德尼"是满语，意为"珍宝"。从此，班禅这一封号就成为班禅系统的专用名称。

❋ 喜马拉雅山脉

喜马拉雅山脉雄踞青藏高原南部边缘，横亘千里。中国西藏地区与其他国家、地区的宗教文化交流并未因此而被隔断。

中国汉地早期密部典籍的译传有哪些？

隋唐是中国汉地密宗创立的时期。隋唐以前传入中国的密典，大多为杂密，还未见有组织的正纯密教经典。早期译传密典，目的在于除邪魅、定吉凶、禳灾招福，大部分已经佚散。

三国时东吴译经家支谦，可能是最早汉译密典之人，所译密咒有《佛说无量门微密持经》等。公元310年（西晋怀帝永嘉四年），西域僧（一说龟兹人）佛图澄来到洛阳，史载他"志弘大法，善诵神咒，能役使鬼物，以麻油杂燕脂涂掌，千里外事皆彻见掌中如对面焉"（梁《高僧传》卷九），故深受后赵石勒、石虎崇信，正式允许汉人出家为僧，由于佛图澄的影响所及，密咒法门的知识逐渐普及。西晋时，龟兹僧帛尸梨密多罗（吉友）来到东土，译出《大灌顶经》、《孔雀王神咒经》等陀罗尼门密典后，开始了印度密典译传于中国的新时期。帛氏亦"善咒术，能梵呗，世号高座法师"。帛为龟兹国姓，可知4世纪初以前，龟兹即流行密宗秘密法术，且经由该国僧人传入东土。支谦曾制"梵呗三契"，吉友也"能梵呗"，梵呗需在一定的佛教仪式上歌咏，故知诵咒语亦与较发达的佛教仪式相关。吉友以后，南方译传杂咒经典最著名的是西域僧昙无兰，译有《咒时气》等经。北方以中天竺人昙无谶为著，据传他"明解咒术，所向皆验，西域号为大神咒师"。至于中国四大译经家之一的龟兹僧鸠摩罗什，也是"妙达吉凶，言若符契"，所译有《摩诃般若波罗蜜大明咒经》等。

南北朝时，密典的译传仍在继续扩大，北魏昙曜译有《大吉义咒经》，梁僧伽婆罗译有《孔雀王陀罗尼经》。此后，隋代"开皇三大士"共译约十部杂咒，唐菩提流支译经约十部，义净译经约十三部，玄奘译经十部，实叉难陀译经四部。

上述汉译密典，绝大部分属于杂密、杂咒，但对于密教在中国的传播有着直接的促进作用，并为后来善无畏、金刚智、不空等译传纯正密教经典，创建密宗准备了社会基础。这在当时的历史条件下，对于扩大佛教影响，推动佛教传播，也有一定的意义。

❀ 唐代法门寺地宫出土的鎏金银质真身菩萨

密宗

何谓「开皇三大士」？

隋文帝杨坚即位伊始，下令在长安大兴善寺建立国立译经馆，成为隋代佛教经籍翻译的中心。先后担任大兴寺译经馆译主译作丰富的那连提黎耶舍、阇那崛多和达摩笈多三人，由于其在中国佛经翻译事业上的卓越贡献，被后世尊为「开皇三大士」。

隋文帝建立的译经馆中聚集名僧和佛教学者担任译事，并由佛学渊博、名望隆弘的高僧大德担任译主，主持译作。译经馆第一任译主，是北天竺人那连提黎耶舍。他于公元556年（北齐文宣帝天保七年）来华，甚得高洋宠信，授任北齐昭玄统。北齐时译经7部。隋兴，文帝恢复佛法，"降玺书，请来弘译"，于582年（开皇二年）以92岁高龄，入京住大兴善寺，创建组织译场，主持译事。后移住广济寺，受封为"外国僧主"。那连提黎耶舍主译佛经8部，23卷，其中包括密部经典《大云轮请雨经》等。

那连提黎耶舍移住广济寺后，阇那崛多继住为译主。他亦为北天竺人，于西魏大统年间来到长安。北周明帝诏请，为他敕造"四天王寺"。北周武帝灭佛事件发生后，他被迫迁居突厥十余年。隋文帝遣使迎入京都，后为大兴善寺译主。阇那崛多居留中国多年，熟谙汉梵两种语言，"宣辩自运，不劳传度"，即在念诵梵文原典时，可用汉语宣讲经义，译笔精当，不需对证原文。他主持译场工作后，从全国严选"十大德"监掌译事，增加汉人为助译，使译经馆出现了一个新局面。阇那崛多的得力助手有南天竺人达摩笈多和赵郡人彦琮，后者职司复勘，隋代译经多有他写的序，是一位对佛经翻译有重要影响的人。据《历代三宝记》统计，阇那崛多主译佛经31部，165卷，

隋代·荀国丑造释迦像

其中包括《不空羂索观世音心咒》、《十一面观世音咒经》、《东方最胜灯王如来经》等密典多部。

达摩笈多入大兴善寺后,协助阇那崛多主持译务,后继为译主,彦琮等人为笔受。所译密典有《药师如来本愿经》,为后世造药师变相的主要依据之一。

🌼 泉州开元寺镇国塔全景

"开元三大士"与汉地密宗正式形成有什么关系?

唐开元年间先后来华的善无畏、金刚智、不空等人,在中国弘传正纯密教(纯密)并正式形成宗派,后世称这三人为创立密宗的"开元三大士"。

唐代李真绘不空像

唐代,日本僧人空海从长安(今陕西西安)青龙寺惠果受密法。空海回日本传密教,创立真言宗。真言宗尊惠果、金刚智、善无畏、不空、一行为五祖。空海在回日本时将李真所绘真言五祖像(今藏日本京都教王护国寺)带回日本,其中不空像保存至今。

密宗是公元7世纪形成的印度密教传入中国后,与中国文化元素相结合而建立的一个佛教宗派。早期传入中国的多为杂部密教(杂密)典籍,如初唐阿地瞿多译《陀罗尼集经》12卷,也属于陀罗尼、真言的汇编性质。由于这三个人和他们的弟子努力弘传的结果,密宗从此独树一帜,与唐代佛教其他教派分庭抗礼,极一时之盛。

密宗以高度组织化的咒术、仪礼和各种神格信仰为特征,主张口诵真言咒(语密)、手结契印(身密)和心作观想(心密),三密相应便可即身成佛。修法时,建造曼荼罗,配置诸佛菩萨。根本经典有《金刚顶一切如来真实摄大乘现证大教王经》(《金刚顶经》),宣传以大日如来(毗卢遮那佛)为受用身,主张"五佛显五智说"。《大毗卢遮那成佛神变加持经》(《大日经》),则宣讲密教的基本教义、仪轨和修法、供养的方式方法。

公元716年(唐开元四年),

中天竺密教高僧善无畏（637～735）携梵本经西域到达长安，深受玄宗礼遇，尊为国师、教主。善无畏曾先后在长安、洛阳译出密教经典多部，其中最重要的是在洛阳大福先寺译出的《大日经》和由其弟子一行撰的《大日经疏》。善无畏传授以胎藏界为主的密法，以《大日经》为"宗经"，这是中国密宗正式传授之始。著名弟子中，一行从善无畏学密法，译密典，亲承讲传。此外还有智严、义林、新罗玄超等。

720年（开元八年），南天竺密教高僧金刚智（669～741）经南海、广州到长安，其弟子不空（705～774）于同年经陆路也到达长安。金刚智在长安开坛灌顶，传授密法。其译场设在长安、洛阳二处，共译出《金刚顶瑜伽中略出念诵法》等密典10部、14卷。不空曾奉师命赴狮子国（今斯里兰卡）学习密法，携回梵本多部，回国后在长安、洛阳等地译出《金刚顶经》等密典11部、143卷。不空居大兴善寺开坛灌顶，并曾赴河西、五台山等地传法。善无畏、不空系统传授以金刚界密法为主，以《金刚顶经》为宗经。不空著名弟子有五台金阁寺含光、新罗国慧超、长安青龙寺惠果、崇福寺慧朗、保寿寺元皎、觉超，世称"六哲"。

"开元三大士"中，善无畏死后诏赠鸿胪卿，葬于洛阳龙门西山广化寺。金刚智死后号国师，于龙门奉先寺西岗起塔安置。后又追赐开府仪司三司，赠号"大弘教三藏"。不空终于大兴善寺，于寺内起塔建碑，追赠司空，号"大辩正广智不空三藏和尚"。

❈ 法门寺地宫出土金银丝结条笼子

密宗

什么是"金胎两界"密法？

汉地密宗创始者"开元三大士"所传授的密宗两界密法：善无畏、一行传授的是以胎藏界为主的密法，主要依据《大日经》；金刚智、不空传授的是金刚界为主的密法，主要依据《金刚顶经》。

按 照密宗经典的教义，宇宙的一切均为法主大日如来的表现，金刚界表现其智慧（智差别），胎藏界表现其理性（理平等）。

前者智慧如金刚，可以摧破一切烦恼，具有智、果、始觉、自证等义。后者理性如胎儿之在母体，莲花种子之在花中，可以由大悲培育所有内在的悟觉，具有理、因、本觉、化他等义。金刚界以大日如来为受用身，作菩萨形，戴五佛冠，结智拳印，宣扬"五佛转五智"说，即中央大日如来的法界体性智，东方阿閦佛的大圆镜智，南方宝生佛的平等性智，西方无量寿佛的妙观察智，北方不空成就佛的成所作智。五智中以法界体性智最重要，其余

❀ 陕西西安青龙寺

该寺建于隋文帝开皇二年（528），是唐代著名的佛寺之一。

四智均为唯识所转，在这里采用了瑜伽行派（唯识法相宗）"转智成识"的思想。胎藏界大日如来亦作菩萨形，戴结发于顶形冠，结法界定印。该界以大定、大悲、大智三德，分为佛（大日如来）、莲花（阿弥陀佛）、金刚（阿佛）三部。金刚、胎藏两部密法，亦称真言两部或金、胎两部，有两部相对、两部不二之说。

西安青龙寺空海纪念堂内景

作为金刚界根本经典的《金刚顶经》，与《大日经》、《苏悉地经》合称密宗三经。《金刚顶经》有广、略两种经本，现仅存略本。汉译共三种，即不空所译《金刚顶一切如来真实摄大乘现证教王经》3卷，为一般常用经典；金刚智所译《金刚顶瑜伽中略出念诵经》4卷，所谓略出即从十万颂广本中选略精要之义；宋施护所译《一切如来真实摄一乘现证三昧教王经》30卷。这三种经典，详述快速证入佛菩萨境地的密宗特有的仪则，现仅存汉译本，梵本已不存。《大日经》即善无畏所译《大毗卢遮那成佛神变加持经》7卷本的简称，密宗三经之一。

该经7卷中6卷，包括从住心品至嘱累品的引品，后1卷包括有关供养法的5品。引品中，以第一品有关"教相"的阐述为主，其他品则为有关"事相"的叙述。一行所撰《大日经疏》为20卷本。

密宗金、胎二界在中国的传承，以金刚界较盛。胎藏界中善无畏亲传一行，一行以后没有再传。善无畏入室弟子有智严、义林、玄超等，义林传顺晓，顺晓再传日本国求法僧最澄，最澄回国后创立日本"台密"。金刚界不空从善无畏、金刚智学得两部密法，门下弟子众多。唐末五代变乱，密宗法脉在中原北方几近断绝，唯南方四川等地得传。

中国密宗祖庭在哪里？

在密宗金、胎两部密法中，善无畏嗣法者不多，金刚智一系以不空传承衣钵。不空师承二部，光耀师门，于密宗创立建树颇多，后世尊称不空住持的长安大兴善寺为密宗发源地——祖庭。

公元754年（唐天宝十三年），不空自河西传法后返长安，唐玄宗敕住大兴善寺。安史之乱后，758年（唐肃宗乾元元年），不空奏请于寺内建灌顶道场，肃宗下令敕建。不空为肃宗亲授转轮王七宝灌顶，自此声誉益隆。764年（代宗广德二年），不空上书请于寺中设49位大德，奏准，令于长安及全国范围内挑选了大德49人常住寺内，每年正月、五月、九月，在寺内开坛灌顶，教化文武百官及四众。不空从全国搜寻佛教人才，在大兴善寺译经传法，该寺成为密宗的译传中心。

不空与鸠摩罗什、玄奘、义净被称为中国四大译经家，长安慈恩寺、荐福寺、大兴善寺为三大译场。大兴善寺为隋代及唐初译场之首，嗣后慈恩寺及荐福寺译经馆先后兴盛。及不空入兴善寺译经传教后，该寺译业重振。不空所译佛经，总计70余部、120余卷，在四大译经家中译经部数居首位。不空译经以密宗经典为主，作为准备工作，先从"搜捡天下梵箧"，即不空从天竺、狮子国取回的梵箧和前代遗存下来的梵箧开始，集中运到大兴善寺，

西安大雁塔玄奘舍利塔

进行整理和校勘工作,然后再行翻译。这次集中梵文经卷之举,是唐代译经史上一大盛事。

不空弟子以"六哲"最为著名,但唯有惠果学得两部密法,承其法统,在青龙寺发扬光大,历任代宗、德宗、顺宗三代国师,青龙寺于是成为晚唐密宗的根本道场。

惠果(752～805)于青龙寺东塔院设毗卢遮那灌顶道场,广度僧俗,中外闻名,成为不空以后第一位传法阿阇梨,时称密宗大师。惠果于青龙寺传法,中外名僧咸集,弟子遍及海内外,其中有诃陵(今印度尼西亚爪哇岛)辨弘,新罗(今朝鲜东南部)惠日,日本国空海及国内剑南惟上、河北义圆、义明、义满等人。青龙寺僧中,以著述闻名的,有道世,著《法苑珠林》等书。道氤,著《唯识疏》、《法华经疏》、《御注金刚经疏》等,在青龙寺宣讲新疏,听者数千人。中国密宗盛传海外,青龙寺功绩不可磨灭。

陕西西安大兴善寺大雄宝殿

大兴善寺始建于晋,初称尊善寺,隋文帝开皇二年扩建,更名大兴善寺。成为长安译经的三大译场之一,中国佛教密宗发源地。

中国密宗主要供奉哪些造像？

中国密宗造像，按胎藏和金刚两界造出。胎藏界有佛部、莲花部和金刚部三部，金刚界加上宝部和羯磨部共为五部造像。

密宗造像最高尊神是大日如来，以其为主成五方佛。此外还有东方药师琉璃光佛、金轮炽盛光佛等。密宗菩萨像，多为多面多臂，手持各种法物的形象，其中以观音的种种变化身为主，如大悲（千手千眼）观音、十一面观音、如意轮观音、不空羂索观音、数珠手观音、白衣观音、准提观音、三十三观音等。还有千臂千钵文殊、地藏菩萨和八大菩萨之类。密宗特有的明王，是佛、菩萨的忿怒相，一般是多面多臂、手持法物的忿怒形；一面四臂骑孔雀的孔雀明王，为慈悲相。明王有五大明王、八大明王、十大明王等。还有八大菩萨和八大明王之说。密宗天王像多造四大天王，特别盛行北方毗沙门天王。此外，中国密宗造像的题材，还流行地藏与十王变，地藏与六趣轮回变，地狱变，诃利帝（鬼子母）变，大黑天，十二圆觉菩萨，华严三圣及佛顶尊胜陀罗尼经幢以及曼荼罗像等。

胎 藏界的佛部以大日如来为部主，四波罗蜜菩萨（指金波罗蜜菩萨，东方；宝波罗蜜菩萨，南方；法波罗蜜菩萨，西方；业波罗蜜菩萨，北方）为眷属（部母）。东方金刚部以阿閦佛为部主，文殊、普贤、观音、地藏四菩萨为部母。南方宝部以宝生佛为部主，四大菩萨为部母。西方莲花部以阿弥陀佛为部主，四大菩萨为部母。北方羯磨部以不空成就佛为部主，四大菩萨为部母。

❀ **明代索南嘉措像**
索南嘉措是第三世达赖喇嘛。

国内的密宗造像遗存，北方主要见于龙门石窟和敦煌莫高窟等处，南方盛唐以后流行于两川地区。现存初唐密宗造像不多，如龙门刘天洞旁的毗卢佛，莫高窟321、334窟的十一面观音菩萨壁画。盛唐以后，密宗造像渐多，如龙门擂鼓三洞的毗卢佛，西山的千手千眼观世音菩萨，莫高窟的密宗题材壁画，主要描绘千手千眼观世音菩萨、千臂千钵文殊菩萨、不空羂索观世音菩萨、如意轮观世音菩萨以及药师经变、地藏与十王变。

曼荼罗造像，现存有空海带回日本的唐代《金刚界大曼荼罗》，

❀ **清代无量寿佛像**

又称无量光佛，阿弥陀佛，是西方极乐世界的主佛，代表智慧，意思是光明无限。

北京居庸关云台元代的尊胜佛顶曼荼罗，西藏萨迦寺曼荼罗壁画（元）、白居寺曼荼罗（明）和莫高窟曼荼罗壁画等多处。

什么是曼荼罗？

曼荼罗是梵语mandala的音译，密宗仪轨之一，意为圆轮具足、聚集、坛城等，比喻大彻大悟的佛的境地，是将密宗佛、菩萨等尊像集中造出以备修法时供奉。

曼荼罗的形式或圆或方，中央画本尊佛，本尊的四方、四隅各画一菩萨，是为中院。中院周围画一、二层菩萨或护法像，成为外院。坛城源于印度佛教密宗，古代印度密宗修习"密法"时为防止"魔众"侵入，遂修筑土坛，恭请诸尊于此以祭供。曼荼罗有立体形式，亦可平面雕刻（浮雕）或绘画。曼荼罗严格遵照本尊经轨中所规定的仪则所建。依据《大日经》所绘的胎藏界曼荼罗，依据《金刚顶经》所绘的金刚界曼荼罗，名曰"普门曼荼罗"；以药师、弥勒、观世音等一尊主像为中心的曼荼罗，名曰"别尊（一门）曼荼罗"，如居庸关云台的尊胜佛顶曼荼罗；以经典或真言咒（种子）为中心的曼荼罗，名曰"经法曼荼罗"，如法华曼荼罗、仁王曼荼罗、种子曼荼罗等；此外，还有以象征诸尊的器杖、刀剑、手印等为中心的"三昧耶曼荼罗"。

现存曼荼罗作品，较早的是唐代日本国求法高僧空海（弘法大师）于贞元（785～805）年间，在长安请供奉丹青李真等人所绘的《胎藏界大曼荼罗》和《金刚界大曼荼罗》。胎藏界曼荼罗，以上方为东，中央为中台八叶院：大日如来居中，周围排列四佛、四菩萨。中台院周围排列四重外院，计有遍知院、莲花部院（观音院）、金刚手院（萨院）、持明院（五大明王）、释迦院、地藏院（地藏菩萨）、虚空藏院（虚空藏菩萨）、除盖障院（除盖障菩萨）、文殊院（文殊菩萨）、苏悉地院和外金刚院，共绘十二院，也有绘

挂式铜嵌宝石曼荼罗

十三院者。其中,释迦、文殊、虚空藏院相当于佛部,观音、地藏院相当于莲花部,金刚手、除盖障院相当于金刚部。金刚界曼荼罗又称九会曼荼罗,九会中有七会依据《金刚顶经·金刚界品》,有二会依据该经降三世品。九会曼荼罗以上为西方,以中央成身会为中心,上下左右各分成三等分,共为九会。这九会是:成身会(诸尊大曼荼罗),中央大日如来,四方四佛、十六菩萨,还有八供养菩萨、四摄菩萨、四波罗蜜菩萨、诸护法天和千佛等;三昧耶会(法物、手印);羯磨会(真言梵字);供养会;四印会(四披罗密);一印会(大日如来);理趣会(金刚萨埵);降三世会(降三世明王);降三世三昧耶会。

❋ 铜鎏金曼荼罗

曼荼罗是梵文的音译,意思是坛城,藏语称作"吉廓",是变化多样的本尊神及眷属众神聚居处的模型缩影。

什么是五方佛?

密宗金刚界密法宣扬"五佛转智说",即大日如来佛的法界体性智(觉道圆满,达到佛、我一致),东方阿閦佛的大圆镜智(具菩提心),南方宝生佛的平等性智(修行菩提心),西方阿弥陀佛的妙观察智(觉悟自身与诸佛间融通无碍),北方不空成就佛的成所作智(证得金刚身)。五智中以大日如来佛的法界体性智最重要,其余四智均为转识所生。

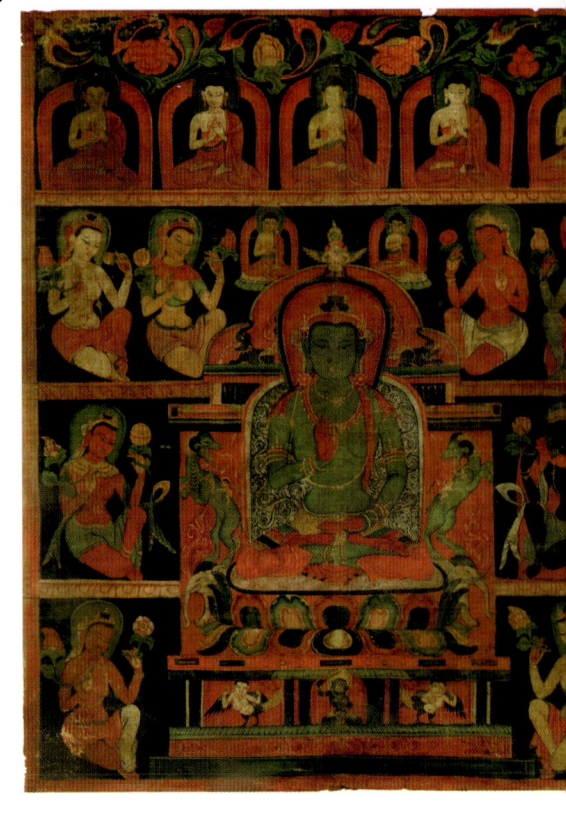

❀ **不空成就佛**

北方不空成就佛土是第五佛土,此佛土名胜业净土,藏文名称意思是行为,是圆满。所以此佛土名叫诸行圆满。

金刚界曼荼罗,分为佛部、金刚部、宝部、莲花部、羯磨部等五部,各以大日如来(中)、阿閦佛(东)、宝生佛(南)、阿弥陀佛(西)和不空成就佛(北)为部主,称为五方佛或五佛。五佛中以大日如来为最高尊神,大日如来有四个亲近的波罗蜜菩萨,即金波罗蜜菩萨(东方)、宝波罗蜜菩萨(南方)、法波罗蜜菩萨(西方)、业波罗蜜菩萨(北方)。据说大日如来以外的四佛,是这四波罗蜜菩萨所生,四佛各为一方部主,四菩萨则称作部母。

有五方佛,就生出五佛冠。密宗中大日如来、金刚萨埵(普贤菩萨)、虚空藏菩萨等造像,头上都戴五佛冠,冠中有五化佛,以示五智三德。

❀ **明 铜鎏金普贤菩萨像**

什么是八大明王？

明王即明咒（真言）之王的略称，意为具有摧伏愚的智慧光明，如降三世明王之类。明王的另一层含义，意为为了导引难于教化的众生，表现出愤怒相的尊神，又称持明王、忿怒尊等，如不动明王等。

明王多有忿怒相，只有少数明王（如孔雀明王）具慈悲相。明王有五大明王、八大明王、十大明王之说。又有明王与明妃的男女二神。

五大明王指大日、阿閦、宝生、阿弥陀、不空等五佛所现的忿怒形（教令轮身）明王：不动、降三世、军荼利、六足、净身明王。唐代密宗造像中的明王，主要有八身菩萨转化的教令轮身明王，称为八大明王。唐达摩栖那译《大妙金刚大甘露军拿利剑焰炽鬘盛佛顶经》中，记有降三世明王，以右手持五股金刚杵；六足明王，手持利剑；大笑明王，口现大笑形；大轮明王，右手持八幅金刚轮，左手挂一独钴金刚杵；马头明王；无能胜明王；不动明王；步掷明王等八大明王形象。云南大理石钟山石窟第6窟中，所雕八大明王名称与此完全相同，又陕西扶风法门寺出土"捧真身菩萨"像座覆莲瓣上所刻，也很可能为八大明王像。国内现存十大明王像，唯有四川宝顶山大佛湾一处，该处在柳本尊"十炼"行化图下刻出十大明王像，像有两面六臂、三面四臂和三面六臂几种，均作忿怒相，题记有"大秽迹金刚本师释迦牟尼化"、"大火明王卢舍那佛化"、"大威德明王金轮炽盛光如来化"、"降三世明王金刚手菩萨化"、"马首明王观世音菩萨化"等，另几尊明王应为大笑明王、不动明王、大轮明王、无能胜明王等。这十大明王造像，有可能是释迦佛、毗卢舍那佛和八大菩萨的化身像。

❈ **大愤怒明王像**
重庆大足县宝顶山大佛湾第21号十大明王像之大愤怒明王像局部，国内其他石窟多为八大明王。

◎ 佛教小百科 ◎ 密宗

什么是八大菩萨？

八大菩萨是一种密宗造像，分别是观世音菩萨、弥勒菩萨、虚空藏菩萨、普贤菩萨、金刚手菩萨、文殊菩萨、地藏菩萨、除盖障菩萨，均为菩萨形真实正法轮身。

据《金刚顶瑜伽经》："诸佛、菩萨依二种轮，现身有异：一者法轮现真实身所修行愿，报得身故；二者教令轮，现忿怒身，由起大悲，现威猛故也"，这就是说，佛、菩萨有正法轮与教令轮二种轮身，分别体现其真实身和忿怒身。

八大菩萨据唐不空译《八大曼荼罗经》、宋法天译《大乘八大曼荼罗经》等经记载，八大菩萨是观世音菩萨（左手持莲花，右手作施无畏印，冠中有阿弥陀化佛）、弥勒菩萨（左手持瓶，右手作施无畏印，冠中有宝塔）、虚空藏菩萨（左手持宝珠，右手施无畏印）、普贤菩萨（右手持剑，左手施无畏印，头戴五佛冠）、金刚手菩萨（右手持金刚杵，左手按胯）、文殊菩萨（左手持莲花，中有金刚杵）、地藏菩萨（左手持钵）、除盖障菩萨（左手持幢，右手施无畏印），均为菩萨形真实正法轮身。由这八大菩萨，转化为忿怒相的教令轮身八大明王，分别是马头明王、大轮明王、大笑明王、步掷明王、降三世明王、六足明王、无能胜明王和不动明王。

❀ 塔尔寺文殊殿所供大势至菩萨

什么是三十三观世音菩萨?

《妙法莲华经·普门品》中,记载观世音菩萨有三十三种变化身,包括佛以下弟子、声闻、四众、天龙八部护法等各阶层人物。与此相应,又有三十三观世音菩萨之说。

观世音菩萨的三十三种变化身分别是不空罥索观世音、不空勾观世音、耶输陀罗观世音、忿怒勾观世音、阿鲁利迦观世音、如意轮观世音、圆满意愿观世音、大随求观世音、利乐金刚观世音、灭恶趣观世音、一髻罗刹观世音、多罗女观世音、莲花发生观世音、披叶衣观世音、千手千眼观世音、十一面观世音、大吉祥观世音、水吉祥观世音、大势至观世音、大明白身观世音、毗俱胝观世音、大吉大明观世音、丰财观世音、马头观世音、白身观世音、白处尊观世音,再加上六大观世音,合成三十三尊。

这些观世音菩萨,多为密宗中题材。还有一类三十三观世音,为中国的创造,是画家依据民间传说的随意之笔,如杨柳观音、水月观音、宝相观音、游戏观音、鱼篮观音、马郎妇观音、洒水观音等。如马郎妇观音为女相,其传说有二:一为观音化为美艳女子,嫁一善诵经者,得马氏子后死去,世称马郎妇;一为马郎妇诱人,与其交合者,永绝其淫。造作此一题材,目的在于劝诱人们遁入佛门。

唐代十一面六臂观音像

观世音菩萨的应化身相在佛教中为数最多。"十一面观音"是密宗所尊奉的"六观音"或"七观音"之一。

◎ 佛教小百科 ◎ 密宗

什么是千手千眼观世音菩萨？

千手千眼观世音（大悲观音）菩萨，是密宗造像的主要题材之一。据密宗经典所载，千手千眼观世音菩萨是佛在降魔时显现出来的特殊形象，其身份与佛相等。身有千手千眼，表示度一切众生，广大圆满而无碍之义。

供养千手千眼观世音菩萨，可得到息灾、增益、敬爱、降伏等四种成就法。它的形象，主要有千手千眼和四十手眼两种。如莫高窟、龙门、四川诸石窟中，盛唐以来直至五代、两宋，都造

❁ 河北承德普宁寺大乘阁内千手观音

出多处千手千眼观音菩萨像，新疆库木吐喇石窟近年也发现这种造像。重庆大足北山第9窟，造出的是四十手观音像。内地的一些著名佛寺，如河北正定隆兴寺（宋代）、天津蓟县独乐寺（辽代）、山西太原崇善寺（明代）、承德普宁寺大乘阁（清代）中，都雕千手千眼观世音像作主像供养。

饶有兴味的是，从唐代开始，中国民间就流传有千手千眼观音菩萨为妙庄王幼女妙善之说。现存河南宝丰县公元1100年（宋元符三年）由蒋之奇撰文、蔡京书丹的《香山大悲菩萨传》碑，碑文记述大悲观音菩萨修道经过，并记碑文原本为唐终南山名僧道宣律师所传，由汝州香山寺住持沙门怀昼出示于蒋之奇。该碑为文物珍品，在佛教史及书法研究上都有重要价值。这个传说流传较广，今山西大同善化寺三圣殿扇面墙后面，原绘大悲观音菩萨像（现为韦陀像），殿后檐下所悬匾额，也引述蒋之奇撰《大悲菩萨香山传》。这就说明，千手千眼观世音菩萨这位外来的法力无边的菩萨，在中国流传过程中，从身世到形象都经过了一番改造，赋予其更浓烈的中国色彩，就更容易被中国人所接受，流传也益广泛。

❀ 大昭寺千手观音像

密宗

什么是地藏菩萨与十殿阎王？

按照佛经记载，在释迦佛去世和未来佛弥勒未下生人间之际，有地藏菩萨于过去诸佛发大愿，要解救一切众生，使他们"具足善根"。特别是地藏菩萨能令六道轮回中的众生免堕恶趣中；即令堕入地狱，也能拔脱罪苦。

隋唐时，三阶教曾以地藏菩萨为主尊，其形象多为舒相坐式的菩萨形。密宗兴起后，胎藏界曼荼罗中绘有地藏院，与地藏有关的题材也流行开来。这时的地藏菩萨，多作沙门形，右手持锡杖，左手持摩尼宝珠。有的持锡杖沙门形地藏菩萨像两旁，侍立一比丘、一长者像。这是由于相传唐代新罗（今朝鲜东南部）一王子出家，名叫金地藏，后来到安徽九华山，受到当地闵长者（闵公）的供养。闵公之子从金地藏出家，法名道明。后人称金地藏为地藏菩萨化身，闵公和道明为地藏菩萨胁侍，而九华山成为地藏菩萨的应化之地。

阎王为阎罗王（阎魔王）的

❀《地藏十王图》之"宋帝王余"

《地藏十王图》之"宋帝王余"。作者陆信忠，生卒年不详，南宋宁波民间佛像画家。

简称，为地狱王。据成都大圣慈寺沙门藏川述的《佛说预修十王生七经》（《十王经》），地狱有十王，即秦广王、初江王、宋帝王、五官王、阎罗大王、变成王、泰山王、平等王、都市王、五道转轮王。

地藏菩萨造像，龙门石窟初唐时已经出现。盛唐以来，地藏菩萨像渐多，龙门、莫高窟、四川石窟都有其造像。这时，地藏像多与阿弥陀佛、观世音菩萨像同龛造出。晚唐时，地藏与十王变壁画和雕像出现于莫高窟和四川资中石窟。五代以后，地藏菩萨像常与十王像、六道轮回或地狱变一道成组出现。这表明，当时人们供奉地藏菩萨像，主要是因为它具有解脱六道众生免受地狱之苦的职能。因此，在宋代四川安岳石窟、重庆大足石窟、内江石窟和杭州资云岭北龛都造出地藏菩萨与十王变和地藏菩萨与六趣轮回变。这种题材最完整的组合，是重庆大足宝顶山大佛湾摩崖石刻。该处上层刻出地藏菩萨，两旁各刻五王。下层刻出十六地狱变相。这组大幅浮雕，场面宏大，雕工精细，是南宋雕刻佳作。

❀ 九华山祇园寺

九华山祇园寺始建于明嘉靖年间（1522～1566），清代多次重修和增建，规模宏丽，为九华丛林之冠。

什么是十二圆觉菩萨？

佛对文殊菩萨回答道："无上法王有大陀罗尼门，名曰圆觉"。这十二个菩萨就被称为十二圆觉菩萨。他们是文殊师利菩萨、普贤菩萨、普眼菩萨、金刚藏菩萨、弥勒菩萨、清净慧菩萨、威德自在菩萨、辩音菩萨、净诸业障菩萨、普觉菩萨、圆觉菩萨和贤善首菩萨。

《圆觉经》为佛教大乘各宗所重视，但该经记述修行圆觉需"大陀罗尼门"，宗密（华严宗圭峰大师）为该经作注疏《圆觉经修证仪》卷一中，讲到圆觉道场应以毗卢遮那佛为主尊，造出文殊、普贤形象和东方药师琉璃光佛和西方阿弥陀佛。因此，十二圆觉菩萨多以毗卢佛为主尊，成为密宗造像题材之一。

五代以来，四川等地石窟均造出十二圆觉菩萨像。四川安岳华严洞，正壁造出毗卢佛与文殊、普贤菩萨像，两侧壁各造五身菩萨像，应为毗卢佛与十二圆觉菩萨。造于1044年（北宋庆历四年）的四川安岳圆觉洞内，正壁雕三尊像，侧壁雕十二尊像，像已不存，但洞外尚有刻圆觉像题记，可知为毗卢佛与十二圆觉菩萨像。大足宝顶大佛湾南宋开凿的圆觉洞，正壁雕三佛，正中为头戴高宝冠的毗卢佛，两旁分别为药师佛（手捧药钵）和阿弥陀佛，两侧壁为十二圆觉菩萨。大足北山第180窟，正中为戴五佛冠毗卢佛，两侧壁造十二圆觉菩萨。

❀ 大足圆觉洞

圆觉洞深达12米，工匠们为了解决石窟的采光，在洞窟上方开了一个大小适度的天窗，光束穿过天窗，直射在洞窟四周的佛与菩萨身上，为洞窟增添了一份神秘气氛，又突出了"圆觉"的主题。

✿ **大足圆觉洞**

重庆大足县宝顶山大佛湾第29号圆觉洞净业障菩萨（南宋）。坐身高140厘米，宽53厘米，厚83厘米。

什么是陀罗尼经幢和经变？

经幢是中国古代的一种宗教石刻，创于初唐，盛行于唐宋，以后渐衰。幢原为丝帛制成的伞盖状物，于佛前立长杆悬挂。经变是佛经变相的简称。所谓变相，是将深奥难懂的佛经道理，以一系列故事作譬喻，变现为图相，称为变相或变现。因为是佛经变相，叫做经变。

据《佛顶尊胜陀罗尼经》记载，幢身书写佛经，则幢影映于人身上，可以免除一切罪垢。佛教徒多树幢以建功德。初唐始用石刻模仿丝制的幢，现存最早实例为公元689年（唐永昌元年）陕西富平县造佛顶尊胜陀罗尼经幢。经幢一般由幢座、幢身、幢顶三部分组成。幢身多为八面柱体，上雕佛经或佛像。佛经大部分刻《佛顶尊胜陀罗尼经》，个别刻《心经》或《楞严经》。也有极少数刻《道德经》的《道教经》幢。现存雕刻精美、保存完整的经幢，是公元1038年（北宋宝元元年）河北赵县幢。该幢高15米，幢座雕出3层须弥座，座上有力士和伎乐，幢身雕作3段，最上一段幢身顶雕出八角城和出游四门的佛传教事，为经幢雕刻的典型作品。

四川五代、两宋的石窟中，陀罗尼经幢多与各种密宗题材成组出现。大足北山第281窟造像记为："敬镌造药师琉璃光佛、八菩萨、十二神

敦煌壁画极思经变中的舞蹈图

敦煌壁画极思经变中的舞蹈图（中唐第112窟）。舞蹈者肩披彩带，腹部裸露，赤足，腕部戴着系有小铃铛的镯子，其舞姿明显具有外来舞蹈风格的影响。

观无量寿佛经变像
重庆大足宝顶山大佛湾第18号观无量寿佛经变像。顶高8.1米，全像宽20米。如此规模巨大的观无量寿佛经变像国内独一无二。

王部众，并七佛、三世佛、阿弥陀佛、尊胜幢一所，兼地藏菩萨三身，都共一龛"。龛内经幢为八面柱形，幢顶雕一八角亭阁，檐下每面刻一坐佛，幢身刻《佛顶尊胜陀罗尼经》。幢造型小巧精致，并与多种密宗像同处一龛，为这一时期的特征。

密宗经变画现存不多，主要是敦煌莫高窟晚唐至宋代的"密严经变"和"佛顶尊胜陀罗尼经变"。《大乘密严经》有两种译本，即武周时地婆诃罗初译本和盛唐时不空重译本，均为三卷。该经记佛于密严世界密严场中，对如实见、金刚藏二上首菩萨，讲说法性问题。莫高窟第85、150、61、55等窟中，绘有密严经变，主要场面是密严道场会上佛说法图。

安史之乱后，不空于长安大兴善寺重译《密严》和《仁王护国经》二部，代宗亲为作序，并下令于资圣、西明二寺，各请百法师、置百座，讲诵这两部新经。不空赴外地传法，常诵《密严》、《仁王》及《陀罗尼》诸经，为国祈福消灾。《仁王经》还被绘成《仁王曼荼罗》。可见密宗之重视这三部经，除了宗教需要，还是最高统治者所愿意祈求的，有着重要的政治原因。

什么是药师经变？

隋达摩笈多译《药师如来本愿功德经》中说，东方净琉璃世界，有佛名药师琉璃光如来，"忆念名称则众苦咸脱，祈请供养则诸愿皆满"，至于病士求救应死更生，王者禳灾转祸为福，信是消百怪之神符，除九横之妙术矣"。

据说，当他做菩萨时，曾发十二大愿以解救众生。成佛后，凡敬药师名，可免除九横死的厄运。因此，密宗中多造出药师像。

莫高窟隋代就有了药师三尊的壁画，正中绘东方药师佛，两旁二菩萨为药王、药上菩萨或日光、月光菩萨。唐代壁画中，出现了简单的药师变：药师佛捧钵居中，眷属中有十二药叉神将，乐舞旁有灯轮。大足北山五代时第279、281窟造像，属于此类。正中药师佛倚坐，左右弟子持锡杖和药袋，日月光菩萨和八大菩萨胁侍，佛座下雕十二神将。这十二神将是宫毗罗、

跋折罗、迷法罗、安捺罗、安恒罗、摩涅罗、因陀罗、波异罗、摩呼罗、莫大罗、抬度罗和鼻羯罗。

较复杂的药师经变，莫高窟壁画始见于盛唐，是在药师经变两侧，画九横死和十二大愿壁画各一列。从吐蕃时代起，莫高窟中还将九横死和十二大愿以独立的形式绘在壁面或龛内屏风上。四川安岳千佛96窟，药师佛左右雕八大菩萨，两侧壁面分雕九横死和十二大愿，龛下雕十二药叉，这是国内仅存的复杂的药师变石雕作品。

九横死见于《九横经》，表现患病无药而死、王法诛戮死、鬼怪夺精气死、火烧死、水溺死、恶兽吞食死、坠崖死、中毒死、饥渴死等九种非正常死亡事。

十二大愿指药师佛誓愿：自身他身光明炽盛、众生安立大乘、众生行梵行、众生诸根完具、除一切众生病、众生转女成男、众生摆脱天魔外道缠缚、众生解脱恶王劫贼横难、饥渴众生得上食、贫乏无衣众生得妙衣。

❀ 清代铜鎏金药师佛像

什么是孔雀明王？

孔雀明王是一种非忿怒相的明王。一面四臂，骑金色孔雀，是毗卢遮那的等流身（密教四身之一，佛身变现与人天畜类同形）。

❀ 重庆大足县大佛母孔雀明王像窟

　　重庆大足县大佛母孔雀明王像窟，北山佛湾第155号大佛母孔雀明王像窟（北宋）窟高3.5米，宽3米，深6米。

　　孔雀经法是密宗四个大法之一。敬事孔雀明王，主要有祛灾、祈雨等好处。从宋代开始，四川石窟等地造出这类造像。大足北山于1126年（北宋靖康元年）开凿的第155窟，主像凿孔雀明王像，头戴花冠，胸饰璎珞，身有四臂，坐莲座上，莲台托于孔雀背上。大足石门山第8窟孔雀明王像，也是宋代作品。

　　大足宝顶大佛湾孔雀明王窟中，主像雕造孔雀明王像，主像侧壁刻天王、药叉、阿修罗等像，窟侧壁刻比丘莎底砍柴被蛇咬伤，闷绝于地，阿难告知佛，为说《孔雀明王经》而获救。这段故事，见于唐义净译《佛说大孔雀咒王经》，可知该窟为孔雀明王经变相。

◎ 佛教小百科 ◎ 密宗

什么是密理瓦巴像和大黑天？

浙江杭州飞来峰的密理瓦巴像，具有明显的藏传佛教造像特点。平江路僧录造出此像一堂，以表示对萨迦派和八思巴的崇信。

杭州飞来峰石窟有一龛造像，正中雕一裸体皤腹、伸右手踞坐的僧造像，像前有一骨灰缸，缸前有二供养人。造像题记为："平江路（今江苏苏州）僧录□□□谨发诚心施财，命工刊造密理瓦巴一堂"，可知此像为密理瓦巴像，造像者为元代平江路僧录。

元代，西藏佛教萨迦派兴盛，该派五祖大师八思巴受元世祖忽必烈尊崇，授"帝师"号，统领天下释教。此后，萨迦派密教，在内地盛行起来。飞来峰造像系元代释教江南都总统杨琏真珈所首创经营，而藏传佛教的秘密祖师像，多为裸体、坐立自由的形象，故密理瓦巴像可能是萨迦派的大师即传乘师。

杭州西湖东岸宝成寺内，亦有一较特殊的元代造像，该像戴冠，蓄卷须，鼓腹箕踞，周身挂骷髅。像两侧雕刻骑狮文殊菩萨和骑象普贤菩萨像。造像题记作："朝廷□来官骠骑卫上将军□左卫亲军都指挥使伯家奴，发心舍净财，庄严麻曷葛剌圣相一堂，祈福保佑宅门光显，禄位增高，一切时中吉祥如意者"。

麻曷葛剌即摩诃迦罗，汉译为大黑天，为密宗护法神。据唐义净《南海寄归内法传》、神恺《大黑天神法》等记载，大黑天为守护三宝、司饮食等的护法神，示现黑色忿怒相，以骷髅为璎珞，形象有一面八臂、三面六臂等。此外，大黑天神还可授人世间富贵及官位爵禄。伯家奴造此像即为祈求"宅门光显，禄位增高"。

国内现存大黑天像，还有大理崇圣寺主塔（千寻塔）塔顶中发现的三件大黑天神像，同出的金刚杵杵顶上也饰有大黑天神像。像作三面六臂忿怒相，肩、臂缠蛇，披骷髅璎珞。千寻塔始建于晚唐，当时南诏国盛行密教阿叱力（阿阇梨）派，大黑天为当地信奉的护法主神。这批11～12世纪的佛教文物，是研究南诏佛教史的实物资料。

元代摩利支天像

摩利支天的梵文是摩利支提婆。即"阳焰"和"威光"之意。本来是印度的光明女神。相传她是帝释的随从。据佛经记载，她有大神通自在之法，无人能见，能知，能害，能欺骗，能责罚。因此被武士所信奉，成为武士的守护神。

四天王中为什么最盛行毗沙门天王像?

佛教所幻造出的天,是清净光洁的去处。(天、人、阿修罗、地狱、饿鬼、畜生)六趣中,天为最胜最尊的世界。

佛教把生死轮回的生存界,分为欲界、色界和无色界,三界中各有若干天,每一天中,有一天王。佛天王造像主要是欲界(如四天王天、忉利天、夜摩天)和色界(如大梵天、大自在天)诸天。天神为佛的护法类,石窟中所造以四天王为多。四天王居须弥山四隅,即东方持国天王,南方增长天王,西方广目天王,北方多闻天王。四天王既为佛的护法神,又表示四方方位,各护一方天下。

北方多闻天王,又称毗沙门天王。原为西域于阗国(今新疆和田)的护国天神,于阗王自称是毗沙门天王的后代。传入中原内地后,造像渐多。然其在中国大盛,是由于唐玄宗天宝年间,经密宗创始人不空的大力宣传而兴起的。不空所译《北方毗沙门天王随护法仪轨》中,该天王有"昼夜守护国王大臣及百官"之职。该经尾题后有一段记事,称:天宝元年,大石、康居等国围安西城(今新疆库车),安西奏表请兵。因安西路远,救兵难到,玄宗请不空作法,召毗沙门天王神兵应援。神兵击退来兵,玄宗宣付十道节度所在地,都要置像供养。

关于毗沙门天王的故事和画样,最初可能即从安西传入。新疆伯孜克里石窟和敦煌莫高窟壁画中,绘有许多毗沙门天王像,都是

❀ **四部医典挂图**

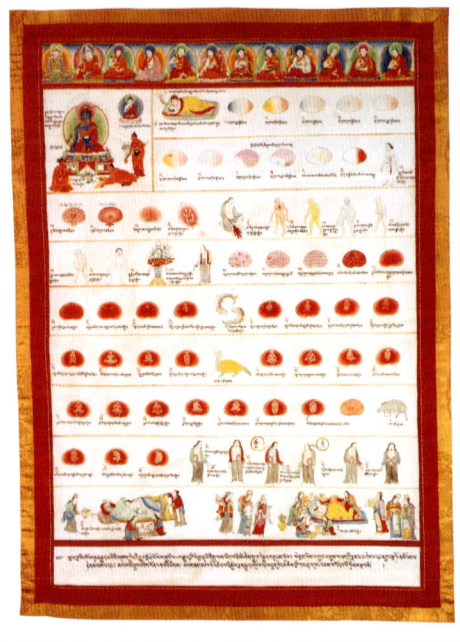

单独绘出，作主像供养。戴冠，着甲胄，手托塔，脚下踏夜叉。毗沙门天王信仰，自此广为传布，奉为护国、护军的保护神。四川资中西岩34窟毗沙门天王像的建造年代为第929年（五代后唐天成四年），由资州刺史等一批地方官吏眷属出资捐建，像已不存。碑文中记述，唐天宝初和北宋咸平中，吐蕃和南诏两次犯境，兵逼成都城下，局势危急，幸赖天王神威，兵退围解。

大足毗沙门天王佛龛

毗沙门天王又名北方多闻天王，为佛教护法之神，四天王之一。

国内现存哪些初唐密宗造像？

国内现存的初唐密宗造像不多。河南龙门石窟擂鼓台北洞外侧刘天洞,当于公元692年(唐天授三年)。该洞下层正壁雕出大日如来像,头戴宝冠,袒右肩,饰项圈和臂钏,结跏趺坐于束腰圆莲座上。这是国内最早的大日如来像。

隋和初唐时的译经师,如阇那崛多、菩提流志、义净、玄奘等人,都曾译出以经咒为主的密典多部。如阇那崛多译《东方最胜灯王如来经》、菩提流志译《千手千眼观世音菩萨姥陀罗尼身经》、义净译《庄严王陀罗尼咒经》等。玄奘所译密典有十部,如《十一面观世音神咒经》、《不空羂索神咒经》、《药师琉璃光如来本愿功德经》等。初唐时,中国密宗虽还尚未正式形成,但这些译作对密教在中国的传播却起过推动作用。初唐时国内开始出现的一些密宗造像,很可能与此有关。

敦煌莫高窟初唐密宗壁画,主要是十一面观世音菩萨像,见于第321窟和第334窟东壁。十一面观世音菩萨为六观音之一,头上有十一面,除头顶正面为如来相外,其余十面,前三面为寂静相,左三面为利牙出现相,右三面为威怒相,后一面为笑怒相,这十面表示修行的"十地"。手臂有双臂和四臂等。敬造十一面观世音,可达到除病、灭罪的目的。因此,敦煌莫高窟等处造出了这种造像。

唐代虚空藏菩萨像(右图)

《观虚空藏菩萨经》说,此菩萨顶上有紫金色如意珠,珠中可观十方诸佛像。他的形象有多种,在金刚界曼荼罗内,作为贤劫十六尊者之一,又名金刚幢,或金幢。

唐代力士

佛教小百科

密宗

敦煌现存主要密宗题材是什么？

敦煌莫高窟初唐时已造出十一面观世音菩萨等密宗造像。开元年间密宗创建后，密宗造像渐多。

敦煌位居河西四郡（武威、张掖、酒泉、敦煌）的西陲，是古代丝绸之路上的重镇。由于它扼玉门、阳关两座关隘，西通葱岭，东接走廊，成为古代中西交通的重要通道。外国僧人经过西域进入内地，敦煌是必经之地。因此，366年（前秦建元二年），这里就有了凿窟设像的记载。

文献记载，安史之乱前夕，不空应河西节度使哥舒翰奏请，率弟子亲赴武威，设大坛场，传授五部灌顶金刚界大曼荼罗法，所度者甚众。莫高窟盛唐以来密宗题材壁画突然增多，很可能曾受到不空河西传法一事的影响。这里现存的唐至宋代的密宗壁画题材，主要有千手千眼观世音菩萨（第79、113、148等窟）、千臂千钵文殊菩萨（第238、258、361等窟）、不空羂索观世音菩萨（第148等窟）、如意轮观世音菩萨（第148等窟）、东方药师经变（第148、220等窟）、地藏与十王变（第375、379、456等窟）、佛顶尊胜陀罗尼经变（第55、454窟）、密严经变（第61、85、55、150等窟）以及多幅毗沙门天王像等。

西夏流行密宗。1159年（宋高宗绍兴二十九年），西夏李仁孝遣使去西藏迎请传教大师，格西藏琐布随使者携经像至西夏，被奉为上师，密教遂盛行于河西。因此，西夏统治瓜州、沙州时期的敦煌莫高窟和安西榆林窟，都造出密宗尊像。榆林窟出现窟中央设坛的"秘密堂"和千手千眼观音

❁ 唐代石灯幢

164

变、文殊普贤变、曼荼罗画等。到了元代，莫高窟继续开凿密宗洞窟（如第3、10、465窟等）。第465窟被称为"秘密寺"，第10窟壁画为元代早期的密宗曼荼罗佛、菩萨、故事画等金刚乘藏密画派。国内现存元代萨迦派佛教艺术，以莫高窟壁画较早而完整。

❀ 榆林窟25窟壁画骑狮文殊菩萨像

榆林窟保存最完整的为第25窟，该窟为中唐开凿，细密精致而秀丽的壁画艺术为敦煌石窟中唐壁画的典范。

密宗造像为何盛行于四川，四川石窟中的密宗传承是什么？

在这个时期，南方，特别是西蜀和南唐，由于社会相对安定，地方富庶，经济繁荣，形成金陵、成都的昌盛。唐玄宗和僖宗两度入蜀，带来大批经像、文人画士和佛教徒。给原来已有一定造像传统的两川地区，注入了新的活力。宋代以后，南方社会经济的发展更超过北方。五代和两宋，四川等地的绘画、造像艺术达到了一个新的阶段。西蜀首设翰林国画院，"蜀中虽僻，而画家独多于四方"。四川首次雕印佛经大藏，成都大圣慈寺成为名噪一时的大寺。川北、川中和川西三大石窟区，窟龛密布，世代连绵，

中国北方石窟艺术由于唐武、后周世宗两次废佛事件的沉重打击，寺院经像被毁，北方佛教从此一蹶不振，北方石窟造像也呈现衰落。石窟造像的重心南移到以四川为代表的南方。

※ 重庆大足石刻释迦牟尼与弟子像

宝顶山大佛湾第11号释迦牟尼涅槃石刻（俗称"卧佛图"）。释迦像长31米，肩宽7米。

在国内五代、两宋石窟中，无论是窟龛总数还是造像精粹方面，都居于领先地位。四川石窟艺术的特点，如多密宗造像、多大佛、多道教和三教造像、多五代和两宋遗珍、多整体规划的大石窟等，都得到充分的体现。

四川石窟艺术以晚唐、五代和两宋，为其发展的盛期。正当北方石窟趋于衰微之时，四川石窟以其成熟的民族形式，鲜明的世俗特点，浓郁的地方气息，丰富的题材内容，崛起于南方。

这是由于晚唐以后密宗大量传入四川，形成具有地区特色的密宗传承系统，极大地刺激了四川的造像、刻经等宗教活动。同时，宋代首先从四川兴起的水陆法会及其水陆绘画，其中也包容了不少密宗经像的内容。就这样，在晚唐以后四川特定的社会环境和历史背景中，迎来了四川密宗造像的高潮。

四川石窟中的密宗传承可以简述如下：

❀ **大足石刻宝顶山远景**

大足石刻是重庆市大足县境内的唐末、宋初时期的宗教摩崖石刻，以佛教题材为主，规模宏大，刻艺精湛。

密宗在什么时候传入四川，目前掌握的线索不多。我们知道，密宗胎藏、金刚两部密法中，以金刚界传承较盛。金刚智传不空，不空门下弟子号称"六哲"，而以惠果承其法脉。青龙寺惠果（752～805）光耀宗门，"法灯满界，流派遍域"。密宗的兴起和流传，首先在长安和洛阳两京地区，然后西至河西走廊，北至太原、五台。其南传弟子，据日本僧人空海撰《大唐神都青龙寺故三朝国师灌顶阿阇梨惠果和尚之碑》等史料记载，其中有"剑南惟上"，一作"成都惟尚"，说惟上求法是"钦风振锡，渴法负笈"。惟上（惟尚）学成后是否返

密宗造像为何盛行于四川，四川石窟中的密宗传承是什么？

❀ 大足父母恩重经变

报之"，从这僧人的行为看，应为密宗僧。又据《益州名画录》记载，成都大圣慈寺为一代名刹，其规制宏大，总共有九十六院，晚唐时有壁画万幅，宋时还有屋宇八千余间，其中有不少密宗题材的壁画和塑像，如毗卢佛、十一面观世音菩萨、北方毗沙门天王等。至少从晚唐以来，大圣慈寺已是密宗的活动重镇。宋代，大圣慈寺沙门藏川撰述的《佛说十王经》曾广为流布，成为绘塑地藏与十王变题材的经本。

唐末五代，正当中原北方密宗法脉几近断绝时，西川却出现了一位祖师式的密宗传教人物——柳本尊（855～942）。柳本尊宗金刚部密法，主要行化于西川一带。到了南宋，四川大足又有赵智凤（1159～1249）传教。赵智凤秉承柳本尊法脉，一系相传，首创大足宝顶山

川，尚不可得知，但西川成都一带曾派人往京师学密法，却是事实。成都唐墓中，曾出土成都府卞家印的梵文陀罗尼经，说明密宗已在当地传布。《资治通鉴》卷908记载，五代时："蜀主（王建）登兴义楼，有僧抉一目以献，蜀主命饭万僧以

密宗金刚部道场,主要活动于川中一带。这样,从唐末至南宋,从西川到川中,在几乎近四百年的时间里,密宗在四川盛传不衰。现存以密宗题材为主的大批石窟造像,便是最好的证明。晚唐以后密宗(以金刚部为主)在四川的传播,确实已达到了相当的规模。

实际上,从川北广元石窟和巴中石窟看,盛唐以后就已陆续造出一些密宗造像。广元和巴中石窟,分别位于北方关中通往四川的两条交通要道——金牛道和米仓道上;川中石窟中刻经的经本,甚至雕像的工匠,也有的来自中原北方;四川石窟的题材、技法,与敦煌莫高窟有许多相同之处,也有不少相互学习、交相影响之处。这些,都足以说明四川石窟中的密宗传承,主要是来自中原北方,特别是西京(长安)、东京(洛阳)地区。四川石窟的密宗体系,是秉承两京密宗流绪,并加以发扬光大的。

与四川石窟同时或稍晚开凿的云南大理剑川石窟,是南诏、大理时期石窟(始于盛唐,主要为宋代),应该说主要是受到了四川石窟的影响。纵观石窟遗存,探讨密宗在中国的传播途径,确实是一个有意义而尚待发掘的课题。

❀ 大足妙高山第 4 号观音像

柳本尊、赵智凤的事迹有哪些？

晚唐以后密宗在四川传播的关键人物，是四川密宗史上两位承前启后的祖师——柳本尊和赵智凤。在他们活动的时期内，四川出现了密宗石窟造像的高峰。因此，有关柳本尊和赵智凤的材料，是中国佛教史（特别是密宗史）和造像史上的重要发现。

柳本尊（855～942），嘉州（今四川乐山）人，奉佛法，为居士。《唐柳居士传》称他"蔬食布衣，律身清苦，专持大轮五部神咒，盖瑜伽经中略出念诵仪也"。按《金刚顶瑜伽中略出念诵法》四卷，金刚智译，为密宗金刚部主要经典之一。大足宝顶山大佛湾刻有"唐瑜伽部主总持王"和"六代祖师传密"题刻，都是指柳本尊。这是说柳为金刚部主、六代祖师。柳本尊传教事迹，除碑史材料，还有大足宝顶和安岳毗卢洞两处"十炼图"石刻，为四川密宗史的宝贵史料。十炼，指炼指、立雪、炼踝、剜眼、割耳、炼心、炼顶、断臂、炼阴、炼膝，说明柳传教以诵经念咒、自残形骸为主。柳本尊先后在成都、弥牟（今新都）一带传教，受到蜀主王建嘉赏和地方官吏的支持，"四方道徒云集座下，授其法者益众"。他死后，被称为本尊，建本尊寺院，后唐明宗、宋神宗等皇帝赐额如故。

柳本尊死后，门徒继其法统，但无特殊贡献者。直至赵智凤（1159～1249）出世，重振门风，密宗金刚部又一度大盛。赵为大足

柳本尊像

县米粮里沙溪人，年届十六，西游蜀都，于汉州弥牟（今新都）"圣寿本尊院"学柳派密法三载，成为又一代传法阿阇梨，门人亦称他"赵本尊"。赵智凤在宝顶山营建大型石窟道场，振兴密宗。他生当宋世，禅宗、理学兴盛，于是大胆改革瑜伽教旧规，"发宏誓愿，普施法水，御灾捍患，德洽远近，莫不皈依"，使宝顶成为南宋的密教中心，当地相传"上有峨眉，下有宝顶"之说。他所主持经营的宝顶山大佛湾造像，"凡释典所载无不备列"，"几乎将一代大教搜罗毕尽"，题材内容以密宗为主，还有表现孝养故事

❀ **柳本尊行化道场**

宝顶山石刻的摩崖造像群之一，柳本尊作居士形象居中，左右各2菩萨2侍女，两侧分列10种行化和供养人。

的《父母恩重经变》、净土题材的《观无量寿经变》、表现禅宗思想的《杨次公证道牧牛颂》等。赵智凤能审时度势，锐意改革，正是他取得成功的重要原因。

我们从四川石窟中密宗造像之盛和大足、安岳柳本尊、赵智凤行化道场规模之大，可以看出，晚唐以来四川密教之兴盛，与他们弘传教义、发展教势的努力，是分不开的。

大足密宗石刻有哪些特点？

至13世纪中叶间，高僧赵智凤承持其教，号称"六代祖师传密印"，在大足传教布道，创建了宝顶山摩崖造像这座完备而有特色的密宗道场，从而把中国内地密宗的历史往后延续了400年左右。

在佛教石窟艺术方面，自3世纪从印度传入中国后，中国北方分别于5世纪和7世纪前后（魏晋至盛唐时期）形成了两次造像高峰（典型成就是山西大同云冈石窟和河南洛阳龙门石窟），但至8世纪中叶安史之乱后走向衰落。此时，位于长江上游的大足石刻形成了中国石窟艺术史上的又一次造像高峰。此后，中国石窟艺术停滞，其他地方未再新开凿大型石窟，大足石刻也就成为中国石窟艺术史上最后的一座丰碑。

大足宝顶山密宗石刻位于重庆大足县城东北，与附近的圣寿寺、小佛湾、舍利塔、山路旁的造像等共同形成了一个

密宗在中国内地盛行于8世纪，流行于黄河流域。至9世纪初，密宗在内地渐至衰落。但是从9至13世纪，密宗在四川不仅未见绝迹，还处于兴盛的局面。9世纪末，四川西部的柳本尊自创密宗，号称"唐瑜伽部主总持王"，苦行传道，弘扬大法。12

大足宝顶山密宗石刻造像是一个庞大的密宗道场，它既追求形式上的美感，又注重内容的准确表达，充分表达了其所显示的故事内容和宗教的哲理。

❀ 圆觉菩萨胸饰璎珞

圆觉洞是大足石刻代表作之一。洞内菩萨刻画细腻，造型优美，装饰性强。

❋ 大足观音变相图

庞大的密宗道场。宝顶山密宗石刻由南宋时期密宗名僧赵智凤主持开凿，南宋淳熙六年（1179）开工，淳祐九年（1249）完工，历时70年。大足宝顶山大佛湾造像群是在长约500余米，高约15米的山谷崖壁上，按照统一的计划、周密的设计完成的。虽然历时70年，但全部造像是一个内容丰富、变化多端的整体。其中，著名的是第8号千手千眼观音菩萨像、第13号孔雀明王窟、第14号毗卢道场窟、第15号摩崖父母恩重经变相、第17号大方便佛报恩经变相摩崖、第20号摩崖地狱变相、第21号柳本尊苦行摩崖、第29号圆觉洞和第30号摩崖牧牛图等。这些造像变相与变文并举，图文并茂，布局构图严谨，教义体系完备。

杭州飞来峰和北京居庸关元代造像为什么重要？

藏传佛教是印度密教与西藏本土宗教苯教结合的产物，唐代兴起于西藏，形成包括现西藏、青海、四川、内蒙等地区的藏传佛教系统，亦称藏密。藏密艺术现存以元代以后为主。

元代初期，元世祖忽必烈为扩大其政治势力，利用创建于11世纪的藏传佛教萨迦派，以藏传佛教为国教，封萨迦派大师八思巴为帝师，萨迦派及其造像传播到内地。元世祖又召尼波罗国（今尼泊尔）工匠阿尼哥到大都（今北京），授职"八匠总管"，"凡两京（大都和上都）寺观之像，多出其手"。于是，在西藏兴起的藏传佛教造像，在内地先流行于两都地区，不久即盛行东土。国内现存的元代藏密造像，除西藏和莫高窟外，内地以飞来峰与居庸关造像最著名。

北京居庸关是元大都的西北屏障，为了祈求国都平安，元至正五年（1345）在关城内兴建了三座喇嘛式过街塔（云台），这是北方现存不多的喇嘛式建筑之一。塔已毁，仅存塔基。塔基卷面及卷洞中，浮雕出迦楼罗鸟、四天王、尊胜佛顶曼荼罗、十方佛、千佛等造像，还有用梵、藏、八思巴、维吾尔、汉和西夏等六种文字书刻的《陀罗尼经咒》等，是不可多得的元代雕刻珍品。

杭州是南宋故都。元初，世祖委用杨琏真珈为江南释教总统，杨为取悦当朝，首创营建杭州飞来峰元代造像。其用意，寓有制作新朝造像以厌胜（压制、降服之义）

❀ 居庸关四大天王像之一

南宋故都风水的政治因素。飞来峰现存元代汉、藏式造像共67龛、116尊,其中藏密像多造于元初。造像题材可分为佛像、菩萨、佛母和护法几大类。佛像雕刻藏密五部佛主,如毗卢佛、宝生佛、无量寿佛、释迦佛、胜初佛(大持金刚)等。菩萨像有金刚萨埵(普贤菩萨)、文殊师利、狮吼观音、多罗菩萨等。佛母有大白伞盖、尊胜佛母等。护法像有大黄财宝护法、布禄金刚、雨宝佛母、金刚手菩萨等。此外还有密理瓦巴像,似为萨迦派传教祖师。这是内地现存最集中的一批萨迦派造像。

❀ 浙江杭州飞来峰弥勒佛

西安青龙寺惠果在中国佛教史上有什么贡献?

惠果9岁从不空弟子青龙寺昙贞受学,后于青龙寺剃染,慈恩寺受戒。766年(唐大历元年),从不空受两部大法及传法阿阇梨位,又从善无畏弟子玄超学胎藏界密法。因此,金刚昇不空之后学贯两部秘法者,只有惠果一人。唐代宗令惠果于青龙寺东塔院建毗卢遮

❀ 青龙寺

唐时为长安城延兴门内新昌坊。该寺前身是灵感寺,青龙寺是唐代密宗大师惠果长期驻锡之地。

惠果(752~805),俗姓马,京兆万年县(今长安县)人。他秉承金刚、胎藏两部密法,加以融会贯通,建树「金胎不二」的思想,成为不空法嗣中的俊杰。

那灌顶道场，并以惠果为内道场（宫中修道场）护法僧，德宗、顺宗也优礼惟渥，得以出入庭掖，荣耀加身，后世称为三朝国师。

不空去世后，惠果是第一位传法阿阇梨，在青龙寺东塔院广度僧俗，中外闻名。他的嗣法弟子，不仅有国内高僧，还有国外的求法僧。青龙寺在中外佛教交流史上，占有重要的地位。

从惠果学法的外国僧人，有诃陵国（今印度尼西亚爪哇岛）辨弘、新罗国（今朝鲜东南部）惠日和悟真。辩弘学成后留住汴州（今河南开封），惠日归国后广弘大教。日本国僧人空海，归国后教法弘盛，被称为日本东密初祖。

惠果国内的嗣法弟子，有剑南惟上、河北义明及义操、惠应、惠则等人，其中以义操一支传通较盛，绵延较久。义操下传法全、义真、大遇、海云等人，法全又传智满、文懿及日本僧宗睿、圆载、圆珍、圆仁等人。惠果不仅是不空之后传播密宗最得力人物，而且经他传授密宗东渡日本，建立真言宗，法系不绝，传承至今。这是中日佛教交流史上的一段佳话。

❀ 空海纪念碑

什么是日本东密和台密？

804年（唐贞元二十年），日本国僧人最澄和空海，随平安朝遣唐使藤原葛野到中国求法。回国后，最澄在比睿山创立日本天台宗并成为台密的创始人。空海在高野山创立日本真言宗，后被称为"平安二宗"。为与最澄创立的台密区别，空海创立的密宗被叫做东密。

最**澄**（767～822），日本近江滋贺人，16岁出家，后又在东大寺受具足戒。最澄性爱山林，与当时寺院多建于市街闹市不同，他在家乡比睿山中建立寺院，被称为"山岳佛教"。他一直在深山野坳中钻研唐朝僧人带到日本的天台宗经典。入唐后，最澄到天台山学法，先后从道邃、行满、悠然、顺晓等人受学，学得天台宗、禅宗、密宗等各派教义。其中密宗是从龙兴寺顺晓学习。第二年秋，最澄携带大批佛经、佛像等回国。此后，最澄获准天台法华宗为独立宗派，以比睿山寺为本寺，创立日本天台宗。最澄死后，被授予弘教大师名号。日本僧圆仁（慈觉大师）和圆珍，分别于838年（唐开成三年）和853年（大中七年）入唐求法，从青龙寺义真、法全等学习密法，回国后大弘密宗。最澄、圆仁和圆珍因创建日本天台密宗的贡献，被称为"台密三流"。

空海（774～835），日本国赞岐（今香川县）人，31岁入唐求法，回国后被赐予东寺（教王护国寺），为真言宗根本道场，因称东密。

日本京都清水寺三重塔

该塔建于8世纪晚期。清水寺由中国唐代玄奘大师的弟子慈恩所建。

空海在日本佛教史上地位如何？

空海出生于日本豪族之家，从小受儒学熏陶，博览经史，尤善佛书，后于奈良东大寺受具足戒，改名空海。曾著《三教指归》，并读《大日经》，多有疑难，遂兴入唐求法之志。

804年，空海随遣唐大使藤原葛野到达长安。在长安期间，空海遍访大德，后于青龙寺东塔院拜惠果问学求法，相谈甚契。惠果亲自为空海灌顶，并将两部大法及诸尊瑜伽全部传授空海，授予他遍照金刚密号。惠果还令供奉丹青李真等人图绘胎藏及金刚界曼荼罗十铺，希望空海带回日本，"早归本乡，以奉国家，流布天下"。空海果然没有辜负惠果嫡传付法、光流海外的殷切期望，留学期间抓紧每一日光阴，认真钻研佛学，尽力搜求密宗经像。他还学习梵语、增益诗文写作才能，提高书法技能，收集有关文学、天文、医学、工艺、美术等方面的古今名本。空海不仅是一个虔诚热心的求法僧，还是一个肩负重任的文化使者。806年（唐元和元年），空海为惠果送葬后，就随遣唐使船，踏上了归国的旅途。

空海带回日本的佛教经论，共216部、461卷，其中有不空等新译经142部、240卷。还有梵文《真言赞》、两界曼荼罗、祖师影像、真言道具及惠果传法的付嘱物（佛舍利等）等多件。这些珍贵的中国文物，至今大多保存于日本，成为研究中日文化史的重要资料。

空海回国后，得到嵯峨天皇弘通密宗的敕许，在高雄山寺（京都市西郊）立坛授法，弘传密宗，声誉大振。后与弟子营建高野山金刚峰寺。天皇又下诏将东寺赠与空海，作为真言宗的根本道场，赠号"教王护国寺"。空海仿唐朝设内道场作法，在仁明天皇宫中设真言院。835年（唐太和九年），空海于金刚峰寺去世，后追赐大僧正法印大和尚，谥号弘法大师。

空海一生著述颇丰，主要有《即心成佛义》、《密藏宝钥》、《十住心论》等。《十住心论》为真言宗判教理论，以此确立真言密宗作为宗派的地位，又被称为"平安二宗"（一宗为最澄建立的天台宗）。

◎ 佛教小百科 ◎ 密宗

法门寺出土文物与晚唐密宗有什么关系？

陕西扶风法门寺，古称阿育王寺，以寺中藏有释迦牟尼佛舍利（指骨）的"护国真身宝塔"闻名于世。唐代从唐太宗开始，每三十年开塔一次，共有七代皇帝前往迎奉佛骨。

法门寺既是皇室内眷进行佛事活动和供养祈愿的重要场所，又是皇帝七迎佛骨、祈求国运昌隆的总道场，具有相当于宫寺、国寺的双重身份。全寺共设二十四院，各宗兼备，诸门总设，是唐代长安佛教各宗派的会聚之处。这些特点，赋予了法门寺佛教独具特色的典型性格。

1982年以后，在濒临倒塌法门寺塔的塔身上，陆续清理出佛经、佛像等多件。1987年春，正式发掘宝塔地宫，获得了震动中外的重大发现。发现的详细情况，尚有待于正式考古发掘报告的发表。据初步了解，共出土各种金银器一百余件，琉璃、珍珠、宝石、玉器、瓷器和漆器等四百余件，还有大量的丝织品。此外，还有记载法门寺史、迎奉舍利具体组织和地宫供养清单等碑记、錾刻等文字资料。这是历次唐代文物出土中品种最多、等级最高的一次历史性发现，将为研究唐代政治、经济文化，其中包括宗教、工艺、美术等多种学科提供弥足珍贵的实物证据。

法门寺出土文物的突出特点之一，是丰富多样的宗教文物。其中

❁ 法门寺铜制浮屠

包括佛指骨舍利四枚（佛真身指骨一节，"影骨"三枚）以及各种法衣（金襕袈裟）、法器（金棺银椁、宝函、锡杖、浴佛盆、银香炉等）和造像。造像中有银金涂菩萨、银金花菩萨等各种工艺作品，如六臂观音、四天王像、捧真身菩萨（莲座錾刻八大明王）等。"双轮十二环迎真身银金花锡杖"，杖身錾刻十二圆觉僧像。许多器物刻有莲花纹、迦陵频迦纹和五钴杵（金刚杵）等纹饰。

873年（唐懿宗咸通十四年），第七次也是最后一次迎奉佛骨。地宫中供养物，应为这次迎奉前后之物。因此这批器物中的绝大部分，为晚唐时的宫廷器物，是研究晚唐密宗情形的第一手资料。

法门寺并非密宗寺院，却出土这样多的密宗图像纹饰，许多还是宫中专用之物，足证密宗之普及程度。出土文物表明，当时大兴善寺高僧遍觉大师智慧轮，所施物件中

陕西法门寺地宫舍利函

八重宝函是唐懿宗赐的装舍利的宝物，函内盛放着一枚供奉舍利，最外层是一个檀香木函，里面套装着三个银宝函、两个金宝函、一个玉石宝函和一座单檐四门纯金塔。

有金函、银函、水碗、银香炉等多件。其中一件瘗藏佛指影骨舍利银函上，錾刻有"上都大兴善寺传最上乘祖佛大教灌顶阿阇梨三藏智慧轮敬造银函。咸通十二年(871)"字句。（按：智慧轮为晚唐大兴善寺住持，译有《般若波罗蜜多心经》。）他曾与学成归国的日本僧人圆珍（台密大师）频繁交往。863年（唐咸通四年），圆珍托唐朝商人詹景致书智慧轮。882年（中和二年），圆珍又托唐朝人李达致函并黄金，送智慧轮处，求赐佛经。地宫灵帐上，还刻有十余位高僧像，旁有法号，如静严、济福、常静、道真、玄机、传修等人。这些资料，恐怕是密宗东传日本后，在中国北方地区的最后消息之一了。

雍和宫是一座什么样的寺庙？

雍和宫是藏传佛教著名寺院，位于北京东城区。它建于公元1694年（清康熙三十三年），原为清世宗胤禛登基即位前的府邸。

1725年（清雍正三年），该府邸被命名为雍和宫。雍正十三年，清世宗的灵柩停放于此，后奉其影像于雍和宫的永佑殿（后改名神御殿），雍和宫遂成清廷供奉祖先的影堂，但大部分殿宇为僧人诵经处。

雍和宫的主要建筑物有三座精致牌坊和天王殿、正殿（雍和宫）、永佑殿、法轮殿、万福阁（万佛楼）。此外还有东西配殿、四学殿(讲经殿、密宗殿、数学殿、药师殿)。整个建筑布局完整，巍峨壮观，具有汉、满、蒙、藏民族特色。各殿内供奉的众多佛像，造形优美，形象生动。用金、银、铜、铁、锡等多种金属制成的五百罗汉山、金丝楠木的木雕佛龛以及高18米的旃檀木雕弥勒像，是雍和宫的"三绝"。藏传佛教格鲁派创始人宗喀巴的铜像也非常珍贵。天王殿后有一乾隆帝御制碑的《喇嘛说》，碑文着重叙述和考证了"喇嘛"一词的来源以及藏传佛教的渊源。此碑文是研究清代藏传佛教的重要资料。

❀ **雍和宫正殿佛**

殿内供奉着竖三世佛像，即现在佛释迦牟尼、过去佛燃灯和未来佛弥勒，两旁立有阿难和迦叶尊者像。

雍和宮大佛

密宗

外八庙包括哪些寺庙？

清廷从1713年（清康熙五十二年）至1780年（乾隆四十五年），在河北承德先后建成十一组藏传佛寺，现存八座，即溥仁寺、普宁寺、普佑寺、安远庙、普乐寺、普陀宗乘之庙、殊象寺和须弥福寿之庙。因其位于北京和长城外，故称外八庙。

外八庙建筑雄伟壮观，吸收了清代疆域内著名建筑的特点，融合汉、藏、蒙等民族建筑上的成功经验于一体，创造出一大批建筑、雕塑、壁画艺术精品。例如，普宁寺建筑仿照西藏桑耶寺特点，以曼荼罗闻名于世。其大乘之阁内的千手千眼观世音菩萨木雕像，高逾22米，堪称国内第一。普陀宗乘之庙规模最大，占地22万平方米，建筑样式仿照布达拉宫，其大红台利用山势修建，曲折错落，并在藏族寺院基础上，加上若干汉族建筑的手法，显得雄壮而活泼。须弥福寿之庙是为接待六世班禅来京朝觐祝寿而修建的，样式模仿西藏日喀则扎什伦布寺。普乐寺旭光阁作重檐圆顶，下承两层高台，周置八座琉璃小塔，和谐中寓变化。

部分寺院附有园林建筑，利用自然山势加以人工点缀，用以衬托立体建筑，给雄伟严整的建筑增添了生趣。外八庙建筑豪华，文物资料丰富，它既是宗教活动的场所，又是政治活动的中心。清康熙、乾隆、嘉庆诸帝经常在此接待蒙古、青海和西藏的王公贵族或高僧。

❈ 承德须弥福寿之庙

剑川石窟与密宗有什么关系？

云南大理白族自治州剑川石窟，现存十六窟，开凿于南诏、大理时期，相当于内地晚唐至两宋时，是一处以白族等少数民族为主体的石窟。

❀ 大理剑川石窟

关于佛教传入南诏国的时间，有两种说法，一为唐开元年间，南诏相张建成入朝，唐玄宗赐其佛像，这是中原传入说。一为印度高僧赞陀崛多南诏时来剑川，遗教民间，这是西域传入说。可以肯定的是，当时流行密宗"阿吒力教"（阿阇梨，密宗传教师），盛行观音菩萨崇拜。剑川十六个窟中，有十三个窟雕刻以密宗题材为主的造像，其中佛像有毗卢佛、多宝佛、弥勒佛和"华严三圣"（毗卢佛与文殊、普贤菩萨）等。菩萨像有地藏菩萨、甘露观音、化现观音（观音像旁有一犬）、立观音菩萨等。此外，四天王像，特别是北方毗沙门天王像和八大明王护法像以及千寻塔出土的大黑天神像等，也反映了南诏大理时密宗流行的特点。

剑川石窟开凿于晚唐至宋代。此时正为四川石窟的盛期。剑川石窟造像的题材和造型，与四川石窟多有相同之处。而四川石窟受到唐两京地区密宗的影响较多，这就为探讨云南的密宗造像，提供了重要线索。

◎ 佛教小百科 ◎ 密宗

凉山岩画与密宗有什么关系？

凉山岩画阴刻于四川凉山彝族自治州昭觉县博什瓦黑（彝语，意为蛇门岩）的16块巨石上，是一处大型摩崖线刻画遗迹。

凉山岩画的内容基本为佛教造像，其中很多是密宗题材。南区中心为一组涅槃佛像，下层有释迦、观音等像。观音菩萨像较多，有双臂戴宝冠持净瓶者，也有三面十二臂观音。其他造像，有四天王像，着冠，现忿怒形。有多尊明王像，三面六臂，正面作忿怒形，手持轮、索、剑、刀等各种法器，或足踏夜叉，或骑坐于水牛上。此外，还有犀牛、麒麟、龟、鸽等鸟兽。值得注意的是，一组六人骑马出行图，马上人物有的戴高冠，有的着幞头，马前有奔犬，空中有飞龙。戴高冠人物，高冠与剑川石窟及《张胜温画卷》中南诏大理国王的服饰相同，马为建昌马，手执蛮鞭，应为当地王者像。另有一男人像，髽发，穿长袍，左手持扇，背后有帽、杖和瓶，这是当地原始巫教的巫师——笔摩的形象。

凉山密宗岩刻，与剑川石窟多有相似之处：盛行观音崇拜，多天王像和明王像等。刻出王者出行行列和巫师笔摩形象，也与剑川石窟雕刻南诏王的传统一致。岩画时代为唐宋时期，即南诏晚期至大理时期。凉山在历史上曾归属于南诏国，时凉山为州，建西昌府。始治凉山的是南诏丰王之子世隆，称景庄王。因此，出行队伍中的国王，有可能就是景庄王。

 凉山岩画

凉山岩画是一处以少数民族为主体内容的岩画。

水陆画与密宗有什么关系？

水陆法会，全名是「法界圣凡水陆普度大斋胜会」，简称水陆法会或水陆道场。举行法会时，殿堂上悬挂的宗教画或石窟佛寺中的壁画和塑像，称为水陆画。

❀ 山西右玉水陆画

水陆法会，是中国佛教经忏法事中最隆重的一种。这种法事是由梁武帝的《六道慈忏》（《梁皇忏》）和唐代密宗冥道无遮大斋相结合发展起来的。宋神宗熙宁年间（1068～1077），东川杨锷采纳密宗仪轨，将唐代密宗的"冥道无遮大斋"和原有的梁武帝"六道慈忏"相结合，撰成《水陆仪》三卷行于世。"水陆"之名，始见于宋遵式（964～1032）的《施食正名》"取诸仙致食于流水，鬼致食于净地"。

现行水陆佛事分内外坛，以内坛为主。内坛悬挂毗卢佛、释迦佛、阿弥陀佛等像。外坛修"梁皇忏"，诵《法华经》、《净土经》等，设"焰口施食"（焰口即面然，为一饿鬼名）。水陆画亦分上下二堂，上堂为佛、菩萨、缘觉、祖师、明王、护法及印度古仙人等像。下堂为天、人、阿修罗、饿鬼、地狱、畜生等六道像，还有山岳江海诸神、儒士神仙、城隍土地、善恶诸神等像。水陆道场和水陆画，都是集儒、道、释之大成。其中就包括毗卢佛、明王、六道轮回等许多密宗题材。所以，现存国内的水陆遗迹，包括石窟、佛寺中的水陆画，就多与密宗题材有关。

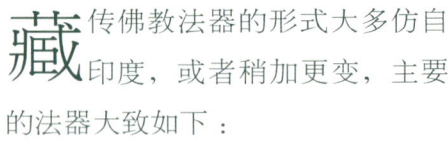

藏传佛教的法器有哪些种类？

藏传佛教的法器式样繁多，但不外乎修息、增、怀、诛四种。息为息灾。增为增益；怀即怀爱，诛为诛魔，又称降伏。按此四种法门，所用法器也有所别，息灾法多用白色，如银制之件；增益法多用黄色，如金质之品；怀爱多用红色，如铜器之类；降伏法多用黑色，如铁制法器。

藏传佛教法器的形式大多仿自印度，或者稍加更变，主要的法器大致如下：

（1）袈裟：一般为紫红色，活佛的袈裟可以用明黄色。穿着时，缠身而露右肩。

（2）项珠：也称挂珠。种类很多，有菩提子、金刚子、水晶、珍珠、珊瑚、琥珀、玛瑙、玻璃、人头骨等，作法时挂于项上。

（3）哈达：哈达是用薄绢制成的，有白、红、黄、蓝等多种颜色，大者长丈余，小者三尺。藏族以献哈达表以敬意，其长短及颜色则视尊者之地位而定。

（4）鼓：有大鼓、腰鼓、羯鼓、铜鼓等。最为独特的是骷髅鼓，俗称为嘎巴拉鼓，藏语称为"扎玛如"，是用两块人顶骨弧面粘接而成，然后两面蒙上猴皮，左右有骨坠，下有一个小柄及丝绦带子。有大小两种，直径分别为20厘米和10厘米左右。按照密教经典规定，这种手鼓在法会演奏时和金刚铃并用。鼓的种类很多，除骷髅手鼓外，另外还有一种曲柄鼓，它的鼓槌曲如弓形，鼓的直径约一米，下有一柄，诵经时，喇嘛自己用左手持鼓柄，右手用曲柄的鼓槌伴奏。这是汉地寺庙地所绝没有的。

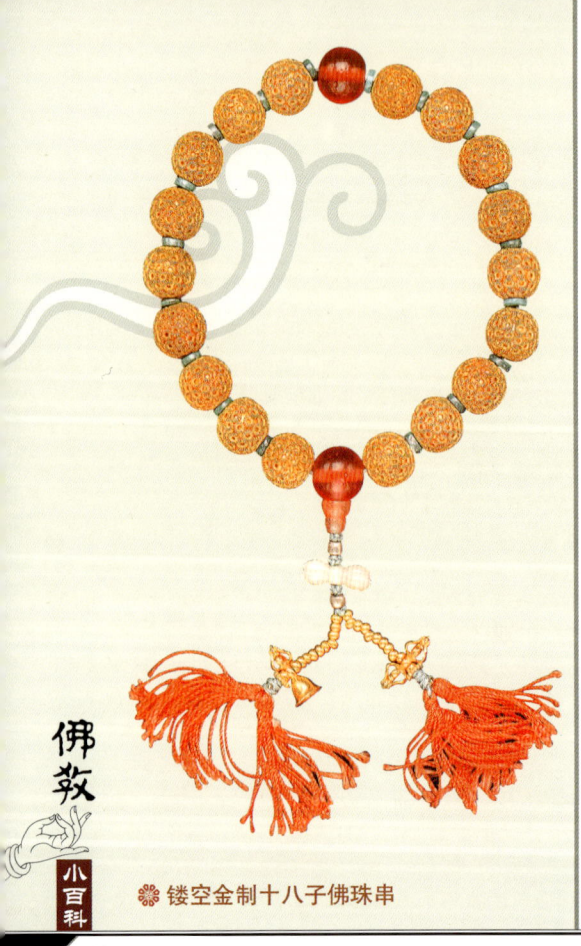

镂空金制十八子佛珠串

(5)白海螺：是法会吹奏的一种乐器。按佛经说，释迦牟尼佛说法时声音响亮如同大海螺声一样响彻四方，所以用来代表法音。在《大日经》中即有"汝自于今日，转于救世轮，其音普周遍，吹无法法螺"。就是这个意思。它或可称为"妙音吉祥"。

(6)骨笛：藏语称为"罡洞"，长30厘米左右，是用人的小腿骨制成，局部包银或铜，吹起来声音尖利刺耳。

(7)幢：有羽毛、宝石、金饰、丝绢等类，其形式如呈圆柱形，叫做胜尊幢。用来代表解脱烦恼，得到觉悟的象征。藏传佛教更认为幢是戒、定、慧、解脱、大悲、缘起和脱离偏见之象征，所谓有11种烦恼只有胜尊幢才能降伏。

(8)白伞盖：伞在古代印度本来是贵族和皇室的象征，是贵族出行时的仪仗器具。后来被佛教采用，

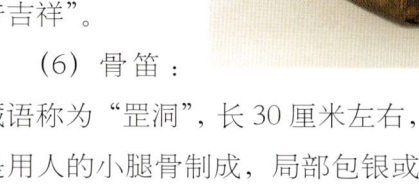
❋ 银制转经轮

象征着遮蔽魔障，守护佛法。

(9)金刚杵：金刚杵原是古印度的兵器，后来被密教吸收为法器。佛教密教则用它来代表坚固锋利之智，可断除烦恼、除恶魔，因此其代表佛智、空性、真如、智慧等。《大藏密要说》说，金刚杵是菩提心义，能"断坏二边契于中道，中有十六大菩萨位，亦表十六空为中道，两边各有五股，五佛五智义，亦表十波罗蜜能摧十种烦恼"。金刚杵有

独股的、三股的、五股的、九股的，一般以五股的为多见。在图案和曼荼罗上，还常可以看到两个金刚杵垂直交叉，呈十字形，称为金刚交杵，据《陀罗尼集经》卷四《十一面观音神咒经》说："如果要使修法有成就，修法时的坛场外院四角要安立金刚杵交叉如十字形。"

（10）金刚铃：金刚铃也是修法时用的法器，柄端也有佛头、观音或五股金刚杵形。这五股金刚杵形的称为五生牯铃。铃的意思是惊觉诸尊，警悟有情的意思。在和金刚杵一起使用时，就有阴阳的含义在其内，一般以金刚杵代表阳性，以金刚铃代表阴性，有阴阳和合的意思。

（11）金刚橛：原来也是兵器，后来被密教吸收为法器，有铜、银、木、象牙等各种材料制成，外形上大同小异，都是有一尖刃头，但手把上因用途不同而装饰不同。有的手柄是佛头；也有的是观音菩萨像，头戴五骷髅冠，最上端又有马头。它含有忿怒，降伏的意思。金刚橛又叫四方橛或四橛，修法时在坛场的四角竖立，意思是使道场范围内坚固如金刚，各种魔障不能来危害。

银鎏金镶珊瑚绿松石法冠

❀ 铜鎏金嵌松石海螺法号

佛教小百科

密宗

【组稿】
胡名正

【责任编辑】
徐丽萍　刘湘雯

【特邀审校】
仲济云　慧眼文化

【文图编辑】
李强

【装帧设计】
阮剑锋

【美术编辑】
辰征

【图片提供】
北京全景视拓图片有限公司
Imaginechina Fotoe.com